›Das offene Geheimnis‹ ist ein brillanter, spannender Text über die Theaterkunst. Peter Brook berichtet von Erlebnissen und Erfahrungen mit verschiedenen Produktionen und Experimenten und vermittelt so ein lebendiges Bild seiner Auffassung von Theater, Ausdruck, Bühne, Regie und Publikum.
Die drei Abschnitte kreisen aus unterschiedlichen Richtungen immer wieder um die Fragen: Was ist Theater? Wie entsteht ein theatralischer Akt? Was macht den berühmten ›Funken‹ aus? Dabei kommt Peter Brook immer wieder auf die Stücke seines bevorzugten Dramatikers Shakespeare zurück, die seine Vorstellung von der Verbindung zwischen Theater und Leben stützen: Theater ist Leben, und Leben eben nicht Theater. Für Brook ist das Leben im theatralischen Akt konzentrierter, isolierter, intensiver und damit künstlich, doch im Idealfall sogar lebendiger als das reale Leben.

Peter Brook, 1925 in London geboren, war Mitdirektor der Royal Shakespeare Company und ist besonders durch seine innovativen Shakespeare-Inszenierungen hervorgetreten. Brook hat bei über 50 Theaterproduktionen Regie geführt, mehrere Filme gedreht, Opern inszeniert und seine Theaterarbeit in Artikeln und Büchern (›Der leere Raum‹, 1968; ›Wanderjahre‹, 1987) reflektiert.

Peter Brook
Das offene Geheimnis

Gedanken
über Schauspielerei
und Theater

Aus dem Englischen von
Frank Heibert

Fischer
Taschenbuch
Verlag

Veröffentlicht im Fischer Taschenbuch Verlag GmbH,
Frankfurt am Main, September 1998

Lizenzausgabe mit freundlicher Genehmigung
der S. Fischer Verlags GmbH, Frankfurt am Main
Die englische Originalausgabe erschien 1993
unter dem Titel ›The Open Door.
Thoughts on Acting and Theatre‹
© 1993 by Peter Brook
Für die deutschsprachige Ausgabe:
© 1994 S. Fischer Verlag GmbH, Frankfurt am Main
Gesamtherstellung: Clausen & Bosse, Leck
Printed in Germany
ISBN 3-596-14390-X

Für Irina und Simon

Inhalt

Die List der Langeweile 9

Der goldene Fisch 113

Das offene Geheimnis 139

Die List der Langeweile

Die Zeit der Einsamkeit

Als ich an einer englischen Universität die Vorträge hielt, die später zur Grundlage für mein Buch *Der leere Raum* wurden, fand ich mich plötzlich auf einem Podium wieder, vor einem großen schwarzen Loch, und am äußersten Ende dieses Lochs nahm ich undeutlich einige Gestalten wahr, die im Dunkeln saßen. Ich begann zu sprechen und spürte sofort, daß ich niemanden erreichte. Das deprimierte mich zunehmend, da es mir nicht gelang, auf natürliche Weise zu meinen Zuhörern durchzudringen.

Ich sah sie dasitzen wie aufmerksame Schüler, in Erwartung weiser Worte, mit denen sie ihre Schulhefte vollschreiben konnten, während ich die Rolle des Dozenten spielte, dessen Autorität schon dadurch gegeben ist, daß er zwei Meter höher steht als sein Publikum. Zum Glück fand ich den Mut, meinen Vortrag abzubrechen, und schlug vor, uns einen anderen Saal zu suchen. Die Organisatoren zogen los, schauten sich überall im Universitätsgebäude um und boten uns schließlich einen kleinen Raum an, der beengt und ungemütlich war; aber wir merkten, daß wir dort eine natürliche und tiefere Beziehung aufbauen konnten. Als ich unter diesen neuen Bedingungen sprach, entstand sofort ein Kontakt zwischen den Studenten und mir. Von da an konnte ich unbefangen sprechen, und meine Zuhörer fühlten sich ebenso befreit. Die Fragen kamen ungehemmter, ebenso die Antworten. Die Erfahrung jenes Tages war mir eine nachdrückliche Lehre in Sachen »Raum«, und sie wurde zur Grundlage der Experimente, die wir viele Jahre später in Paris machten, an unserem *International Centre of Theatre Research*.

Damit ein Ereignis von einer bestimmten Qualität stattfinden kann, muß ein leerer Raum geschaffen werden. Ein leerer Raum erlaubt das Entstehen von etwas Neuem, denn alles, was mit Inhalt, Bedeutung, Ausdruck, Sprache und Musik zusammenhängt, erwacht erst zum Leben, wenn es als unverbrauchte und neue Erfahrung geschieht. Und eine solche ist nicht möglich ohne einen reinen, unberührten Raum, der offen ist, sie zu empfangen.

Ein ausgesprochen dynamischer Regisseur aus Südafrika, der eine Bewegung des Schwarzen Theaters in den Townships gegründet hatte, sagte einmal zu mir: »Wir haben alle *Der leere Raum* gelesen, das hat uns sehr geholfen.« Ich war erfreut, aber auch überrascht, denn das Buch hatte ich zum größten Teil vor den Erfahrungen unserer Theater-Safari in Afrika geschrieben, und ich bezog mich darin ständig auf das Theater von London, Paris, New York… Was konnten sie in diesem Text Nützliches gefunden haben?

Wie konnte das Gefühl entstanden sein, das Buch sei auch an sie gerichtet? Was stand darin, das mit der Aufgabe zu tun hatte, Theater in den Alltag von Soweto zu bringen? Ich fragte ihn danach, und er antwortete: »Der erste Satz!«

Ich kann jeden leeren Raum nehmen und ihn eine nackte Bühne nennen. Ein Mann geht durch den Raum, während ihm ein anderer zusieht; das ist alles, was zur Theaterhandlung notwendig ist.

Bis dahin hatten sie geglaubt, wer unter ihren Bedingungen Theater machen wolle, müsse unweigerlich Schiffbruch erleiden, weil es in den Townships von Südafrika nicht einen einzigen »Theaterbau« gibt. Sie hatten angenommen, ohne ein Theater mit tausend Plätzen, Vorhängen und Soffitten, Scheinwerfern und Farb-Projektionsapparaten wie in Paris, London und New York würden sie nicht weit kommen. Dann tauchte plötzlich ein Buch auf, dessen erster Satz behauptete, sie hätten alles, was sie zum Theatermachen brauchten.

In den frühen siebziger Jahren begannen wir mit unseren Experimenten außerhalb dessen, was als »Theater« galt. In den ersten drei Jahren spielten wir Hunderte von Malen auf der Straße, in Cafés, in Krankenhäusern, in den antiken Ruinen von Persepolis, in afrikanischen Dörfern, in amerikanischen

Autowerkstätten, in Kasernen, in Stadtparks zwischen den Betonbänken... Wir lernten eine Menge dabei, und die wichtigste Erfahrung für die Schauspieler bestand darin, daß sie ihr Publikum sehen konnten, im Gegensatz zu den unsichtbaren Zuschauern, die sie gewohnt waren. Viele von ihnen hatten in großen, konventionellen Theatern gearbeitet, und es war ein großer Schock für sie, sich in Afrika wiederzufinden, in direktem Kontakt mit dem Publikum, und der einzige Flutlichtstrahler war die Sonne, unter deren grellem Licht Zuschauer und Schauspieler unterschiedslos vereint waren. Bruce Myers, einer unserer Schauspieler, sagte einmal: »Ich habe zehn Jahre meines Lebens als professioneller Schauspieler zugebracht, ohne jemals die Menschen zu sehen, für die ich diese Arbeit mache. Auf einmal kann ich sie sehen. Vor einem Jahr hätte mich dieses Gefühl des Entblößtseins in Panik gestürzt. Mir wurde doch mein wichtigster Verteidigungsmechanismus weggenommen. Ich hätte gedacht: ›Was für ein Alptraum, ihre Gesichter zu sehen!‹« Doch plötzlich wurde ihm klar, daß es seiner Arbeit im Gegenteil einen neuen Sinn gab, die Zuschauer zu sehen. Es ist ein weiterer Aspekt des leeren Raums, daß diese Leere geteilt wird: es ist derselbe Raum für jeden der Anwesenden.

Zu der Zeit, als ich *Der leere Raum* schrieb, glaubten diejenigen, die nach einem »Volkstheater« suchten, alles, was »für das Volk« war, hätte auch automatisch Vitalität – im Gegensatz zum »Theater für die Elite«. Die Mitglieder der »Elite« wiederum sahen sich als privilegierte Teilnehmer an einem intellektuellen Abenteuer, klar abgehoben von dem schwülstigen, aber anämischen »Kommerztheater«. Wer die »Großen Klassiker« inszenierte, war im übrigen fest davon überzeugt, durch die »Hohe Kultur« erhalte die Gesellschaft eine Qualität, die weit höher zu bewerten sei als der billige Adrenalinstoß durch eine ordinäre Komödie. Die Erfahrung hat mich aber im Lauf der Jahre gelehrt, daß diese Betrachtungsweise falsch ist: Auf einen guten Raum kommt es an, und der beweist sich dadurch, daß in ihm viele unterschiedliche Energien zusammenfließen, wodurch derartige Bewertungskategorien überflüssig werden.

Als ich anfing, am Theater zu arbeiten, hatte ich zum Glück nicht die geringste Ahnung von solchen Klassifizierungen. Damals gab es in England keine Schulen, keinen Meister, keine Vorbilder, und das war ein Vorteil. Vom deutschen Theater wußte man überhaupt nichts, Stanislawski war praktisch unbekannt, Brecht nichts weiter als ein Name und Artaud nicht mal das. Es gab keine Theorien, so daß die Theaterleute ganz ungezwungen von einem Genre zum anderen wechselten. Große Schauspieler konnten heute Shakespeare spielen und morgen in einem Schwank oder einem Musical. Zuschauer und Kritiker folgten ihnen ganz unvoreingenommen, ohne das Gefühl, sie – oder »die Kunst des Theaters« – würden verraten.

Mitte der fünfziger Jahre gastierten wir mit *Hamlet* in Moskau, in der Titelrolle Paul Scofield, der schon seit über zehn Jahren Hauptrollen spielte und in England zu den glänzendsten und herausragendsten Schauspielern seiner Generation gezählt wurde. Damals herrschte in Rußland noch der Stalinismus alter Prägung, die vollkommene Isolation – ich glaube, wir waren sogar die erste englische Truppe, die dort auftrat. Es war ein ziemliches Großereignis, und Scofield wurde behandelt wie ein Popstar.

Wieder in England, arbeiteten wir eine Zeitlang weiter zusammen, machten ein Stück von Graham Greene, dann eines von Eliot. Nachdem unsere Produktion abgespielt war, bekam Paul eines Tages das Angebot, einen Cockney-Impresario in einem Musical zu spielen, es war das erste Prä-Rock-Musical. Er war ganz begeistert: »Wunderbar. Statt den nächsten Shakespeare zu spielen, kann ich singen und tanzen. Es heißt *Expresso Bongo!*« Ich ermutigte ihn, die Rolle anzunehmen, er freute sich, und die Produktion wurde ein Erfolg.

Während das Stück lief, kam unerwartet eine offizielle russische Delegation aus Moskau an, ungefähr zwanzig Schauspieler und Schauspielerinnen, Regisseure und Theaterleiter. Da wir bei ihnen so zuvorkommend empfangen worden waren, fuhr ich zum Flughafen, um sie willkommen zu heißen. Ihre erste Frage betraf Scofield: »Was spielt er gerade? Können wir ihn sehen?« »Natürlich«, erwiderte ich. Wir besorgten ihnen Karten, und sie gingen in die Aufführung.

Die Russen hatten, vor allem in der damaligen Zeit, eines gelernt: In Theaterdingen kann man jede Peinlichkeit durch den Gebrauch eines Wortes vermeiden, *interessant*. Sie schauten sich das Stück an, trafen Scofield und riefen wenig überzeugend aus, sie seien »sehr interessiert« gewesen. Ein Jahr später bekamen wir ein Exemplar des Buches, das der Leiter der Delegation, ein Shakespeare-Kenner von der Universität Moskau, über ihre Reise geschrieben hatte. Darin entdeckte ich ein schlechtes Foto von Scofield mit seinem schief sitzenden Schlapphut aus *Expresso Bongo*, dazu folgenden Bildtext: »Die Situation des Schauspielers in einem kapitalistischen Land bestürzte uns alle. Welche Demütigung für einen der größten Schauspieler unserer Zeit, in einem Machwerk namens *Expresso Bongo* auftreten zu müssen, um seine Frau und zwei Kinder ernähren zu können!«

Ich erzähle diese Geschichte, um Ihnen etwas Grundsätzliches zu verdeutlichen: Theater hat keine Kategorien, es handelt vom Leben. Das ist sein einziger Ausgangspunkt, nichts anderes ist wirklich grundlegend. Theater ist Leben.

Gleichzeitig kann man aber nicht sagen, es bestünde kein Unterschied zwischen Leben und Theater. 1968 gab es etliche, die – aus sehr triftigen Gründen, sie waren nämlich das »tödliche Theater« leid – beharrlich behaupteten: »Das ganze Leben ist Theater«, folglich brauche man auch keine Kunst, keine Kunstfertigkeit, keine Strukturen... »Theater findet überall statt, Theater umgibt uns«, sagten sie. »Jeder ist ein Schauspieler, jeder kann vor allen Leuten alles mögliche tun, und alles ist Theater.«

Was ist falsch an dieser Auffassung? Eine einfache Übung kann das verdeutlichen. Bitten Sie irgendeinen Freiwilligen, von einer Seite des Raums zur anderen zu gehen. Das kann jeder. Der tolpatschigste Idiot wird nicht versagen, er braucht ja nur zu gehen. Er muß sich nicht anstrengen und verdient auch keine Belohnung. Nun bitten Sie ihn, sich dabei vorzustellen, daß er eine kostbare Schale in Händen hält und vorsichtig gehen muß, um keinen Tropfen des Inhalts zu verschütten. Auch den hierzu nötigen Akt der Vorstellungskraft kann jeder vollbringen, und er wird sich mehr oder weniger überzeugend bewegen.

Doch diesmal hat Ihr Freiwilliger eine zusätzliche Anstrengung geleistet, vielleicht hat er ein Dankeschön
und eine kleine Belohnung für seinen guten Willen
verdient. Fordern Sie ihn als nächstes auf, sich vorzustellen, daß ihm beim Gehen die Schale entgleitet
und zu Boden fällt, wobei der ganze Inhalt verschüt-
tet wird. Jetzt kommt er ins Schwitzen. Er versucht zu
spielen, gekünstelte Amateurschauspielerei von der
schlimmsten Sorte ergreift seinen Körper, und sein
Gesichtsausdruck wirkt »gespielt« – mit anderen
Worten, grauenvoll unrealistisch. Diese scheinbar
einfache Handlung derart auszuführen, daß sie so natürlich aussieht wie einfaches Gehen, erfordert das
gesamte Können eines hochprofessionellen Künstlers – etwas Vorgestelltes muß mit Fleisch und Blut
und mit emotionaler Realität erfüllt werden: Es muß
über bloße Imitation hinausgehen, und das erfun-
dene Leben wird zu einem parallelen Leben, auf keiner Ebene von der realen Situation zu unterscheiden.
Das erklärt, warum ein echter Schauspieler die enor-
men Tagesgagen wert ist, die ihm Filmgesellschaften
dafür bezahlen, daß er einen überzeugenden Eindruck vom alltäglichen Leben liefert.

Man geht ins Theater, um dort Leben zu finden, aber
wenn kein Unterschied zwischen dem Leben außerhalb des Theaters und dem Leben auf der Bühne besteht, dann hat das Theater keinen Sinn. Dann gibt es

keinen Grund, Theater zu machen. Wenn wir aber erkennen, daß das Leben *im* Theater sichtbarer und lebhafter ist, dann wird uns auch klar, inwiefern es dasselbe ist wie draußen und dabei doch anders.

Das läßt sich auch genauer beschreiben. Das Leben im Theater ist leichter zu entschlüsseln und intensiver, weil es konzentrierter ist. Der Vorgang, den Raum einzugrenzen und die Zeit zu verdichten, schafft ein Konzentrat.

Wenn wir im Leben sprechen, geben wir einen plappernden Schwall repetitiver Wörter von uns, und diese ganz natürliche Art, uns auszudrücken, braucht im Verhältnis zum Inhalt unserer Aussage eine Menge Zeit. Doch so muß man anfangen, bei der Alltagskommunikation, und es ist genau wie im Theater, wenn eine Szene durch Improvisationen entwickelt wird, mit viel zu langem Gerede.

Die Verdichtung besteht darin, alles zu entfernen, was nicht unabdingbar notwendig ist, und zu verstärken, was übrig bleibt, etwa indem man ein kräftiges Adjektiv an die Stelle eines farblosen setzt, gleichzeitig aber den Eindruck von Spontaneität bewahrt. Wenn das gelingt, werden wir schließlich auf der Bühne etwas in drei Minuten sagen, wozu im Leben zwei Leute drei Stunden brauchen. Genau das leistet der klare Stil eines Beckett, Pinter oder Tschechow.

Bei Tschechow hat man den Eindruck, als wäre der Text ein Tonbandmitschnitt, lauter Sätze aus dem Alltagsleben. Aber es gibt keine Formulierung bei Tschechow, die nicht mit großer handwerklicher Kunstfertigkeit gefeilt, geschliffen und immer wieder verändert worden wäre, um so zu klingen, als spräche der Schauspieler wirklich »wie im täglichen Leben«. Doch wer sich das vornimmt – Sprechen und Verhalten genau wie im Alltag –, der kann nicht Tschechow spielen. Schauspieler und Regisseur müssen den gleichen Prozeß durchlaufen wie der Autor, sie müssen sich bewußt machen, daß kein Wort unschuldig ist, auch wenn es vielleicht so erscheint. Es birgt in sich und in dem Schweigen davor und danach ein komplexes Netz unausgesprochener Energien zwischen den Figuren. Wenn es gelingt, dies aufzudecken und hernach kunstvoll wieder zu verbergen, wird man die einfachsten Worte sprechen können, und sie klingen wie aus dem Leben gegriffen. Im Grunde ist das ja auch Leben, aber Leben in einer konzentrierteren Form, verdichtet in Zeit umd Raum.

Shakespeare geht noch weiter. Früher betrachtete man Verse als eine Form der Verschönerung durch Dichtkunst. Dann kam als unvermeidliche Reaktion die Vorstellung auf, Verse seien nichts weiter als eine angereicherte Form der Alltagssprache. Gewiß müssen Verse »natürlich« klingen, aber das bedeutet weder umgangssprachlich noch gewöhnlich. Um den richtigen Ton zu finden, muß man sehr genau wissen, warum die Versform gewählt wurde, welche notwendige Funktion sie zu erfüllen hat. Shakespeare als Praktiker mußte zur Versform greifen, um die verborgensten psychologischen, seelischen und geistigen Regungen seiner Figuren zeigen zu können, ohne daß sie dabei ihre Bodenhaftung verloren. Weiter kann Verdichtung kaum gehen.

Alles hängt von dem Funken ab, der beim Schreiben wie beim Spielen in jedem Augenblick zünden muß, von dem kleinen Flämmchen, das aufflackert und dem verdichteten, destillierten Moment Intensität verleiht. Denn Verdichtung und Kondensation allein genügen nicht. Ein allzu langes, allzu geschwätziges Stück läßt sich immer kürzen, und doch kann am Ende etwas furchtbar Zähes dabei entstehen. Auf den Funken kommt es an, und er ist selten zu spüren. Daran läßt sich erkennen, wie erschreckend zerbrechlich und anspruchsvoll die theatralische Form ist, denn dieser kleine Funke Leben muß in jeder Sekunde gegenwärtig sein.

Dieses künstlerische Problem existiert nur im Theater und im Film. Ein Buch mag seine öden Stellen haben, aber im Theater kann man von einer Sekunde zur anderen das Publikum verlieren, wenn das Tempo nicht stimmt

Wenn ich jetzt aufhöre zu sprechen… hören wir die Stille… aber jeder ist aufmerksam… Einen Augenblick lang habe ich Sie in der Hand, und doch werden Ihre Gedanken im nächsten Moment unvermeidlich abschweifen. Es sei denn… ja, was? Es ist eine nahezu übermenschliche Leistung, ständig das Interesse neu zu wecken und die Originalität, die Frische, die Intensität zu erreichen, die jeder neue Augenblick verlangt. Das ist auch der Grund, warum es beim Theater im Vergleich zu anderen Kunstformen so wenige Meisterwerke auf der ganzen Welt gibt. Immer besteht die Gefahr, daß der Funke des Lebens verlischt; deshalb müssen wir die Gründe für sein häufiges Fehlen präzise analysieren. Dazu gilt es, das Phänomen mit klarem Blick zu studieren.

Eine unvoreingenommene Untersuchung sowohl des klassischen als auch des kommerziellen Theaters ist dabei überaus wichtig, die Betrachtung des Schauspielers, der monatelang probt, ebenso wie seines Kollegen, der sich in ein paar Tagen vorbereitet, der Vergleich der Möglichkeiten, wenn sehr viel bzw. sehr wenig Geld da ist – mit anderen Worten, all die unterschiedlichen Bedingungen, unter denen Schauspielerei stattfindet, sind zu analysieren.

Ich möchte gern eine Aufführung, die nur auf einer normalen Bühne mit Bühnenbild und Scheinwerfern stattfinden kann, mit einer anderen vergleichen, die nur ohne Licht, ohne Kulissen, unter freiem Himmel möglich ist, um zu zeigen, daß das Phänomen des lebendigen Theaters nicht an äußere Bedingungen geknüpft ist. Man kann sich ein furchtbar banales Stück über ein mittelmäßiges Thema anschauen, das ein großer Erfolg ist und an einem erzkonventionellen Theater eine Menge Geld einspielt, und darin manchmal einen Funken Leben finden, der die Aufführung weit spannender macht als eine Produktion von Leuten, die Brecht oder Artaud mit Löffeln gefressen haben und mit gutem Material arbeiten; deren Arbeit ist gewiß kulturell respektabel, aber oft ohne Ausstrahlungskraft. Man kann ohne Schwierigkeiten einen trübseligen Abend damit zubringen, etwas anzuschauen, dem nichts fehlt – außer Leben. In solchen Fällen ist ein kaltes, klares, unbarmherziges Urteil sehr wichtig, vor allem, wenn man sich nicht von den sogenannt kulturellen Kriterien der Snobs beeinflussen lassen will.

Deshalb betone ich immer wieder, wieviel Risiko in einem so großen Dramatiker wie Shakespeare oder in den großen Opern steckt. Die Qualität der Vorlage kann das Beste oder das Schlimmste zutage fördern. Je größer das Werk, desto trostloser, wenn Ausführung und Interpretation ihm nicht gerecht werden.

Wer oft unter Schwierigkeiten darum gekämpft hat, ein hochkarätiges Werk einem gleichgültigen Publikum nahezubringen, kann so etwas natürlich nur sehr schwer zugeben. Fast immer sieht man sich gezwungen, schon den Versuch zu verteidigen, und ist regelmäßig enttäuscht, weil das Publikum solche Arbeiten oft ablehnt und ihnen andere vorzieht, die in unseren Augen von geringerem Wert sind. Wenn man genau hinschaut, entdeckt man die Schwachstelle. Das große Meisterwerk wird nämlich ohne das eine Element präsentiert, das die Verbindung zum Publikum herstellen kann: Leben, in all seiner Unwiderstehlichkeit. Was uns zum leeren Raum zurückführt.

Wenn die Gewohnheit uns glauben läßt, Theater beginne notwendig mit einer Bühne, mit Kulissen, Scheinwerfern, Musik und Sesseln... dann fährt der Zug schon auf dem falschen Gleis los. Zwar braucht man zum Filmemachen eine Kamera, Zelluloid und die Mittel, es zu entwickeln – um Theater zu machen, braucht man aber nur eines: das menschliche Element. Das heißt nicht, der Rest wäre unwichtig, aber darauf liegt nicht das Hauptaugenmerk.

Ich habe einmal behauptet, Theater beginne, sobald sich zwei Menschen treffen. Wenn einer aufsteht und ein anderer ihn beobachtet, ist das bereits ein Anfang. Damit es eine Entwicklung gibt, brauchen wir eine dritte Person, um eine Begegnung stattfinden zu lassen. Dann übernimmt das Leben die Führung, und man kann sehr weit kommen – aber diese drei Elemente sind wesentlich.

Wenn etwa zwei Schauspieler auf der Probe miteinander spielen, ohne Zuschauer, dann sind sie versucht zu glauben, ihre Beziehung sei die einzige, die es gibt. Sie können in die Falle gehen, sich in diesen genüßlichen gegenseitigen Austausch verlieben und dabei vergessen, daß es doch eigentlich um den dreiseitigen Austausch geht. Eine zu lange Probenzeit kann sogar damit enden, daß die einzigartige Möglichkeit, die durch das dritte Element eröffnet wurde, wieder zerstört ist. In dem Augenblick, da wir spüren, daß ein Dritter zuschaut, verwandeln sich die Probenbedingungen immer.

Bei unserer Arbeit benutzen wir oft einen Teppich als Probenbereich, mit folgender Absicht: Außerhalb des Teppichs befindet sich der Schauspieler im Alltagsleben, er kann tun, was er will – seine Energie verschwenden, Bewegungen machen, die nichts Besonderes ausdrücken, sich am Kopf kratzen, einschlafen… Aber sobald er den Teppich betritt, ist er zu einer klaren Absicht verpflichtet, zu intensiver Lebendigkeit, einfach weil er Zuschauer hat.

Folgendes Experiment habe ich vor Publikum ausprobiert: Zwei willkürlich ausgewählte Personen werden auf die Bühne gebeten und sollen sich einfach mit

»Hallo!« begrüßen. Dann wende ich mich an die Zuschauer und frage, ob dies das Bemerkenswerteste ist, was sie je gesehen haben. Das ist es natürlich nicht.

Als nächstes frage ich: Könnten wir sagen, diese fünf Sekunden waren von solcher Reinheit und Qualität, jeder Augenblick besaß eine solche Eleganz und Subtilität, daß sie zu einem unvergeßlichen Erlebnis geworden sind? Könnten Sie, die Zuschauer, schwören, daß sich diese Szene für den Rest Ihres Lebens unauslöschlich in Ihr Gedächtnis eingeprägt hat? Nur wenn Sie mit Ja antworten und gleichzeitig sagen können: »Es sah ganz natürlich aus«, nur dann können Sie das gerade Gesehene als theatralisches Ereignis bezeichnen. Was fehlte also? Das ist die Crux bei der Sache. Was brauchen wir, um das Gewöhnliche zu etwas Einzigartigem zu erheben?

Im Nô-Theater braucht ein Schauspieler fünf Minuten, um die Mitte der Bühne zu erreichen. Wie kommt es, daß ein »Nicht-Schauspieler« unsere Aufmerksamkeit nicht so lange hält, während ein »richtiger Schauspieler«, der dasselbe zweitausendmal langsamer tut, dabei so unwiderstehlich sein kann? Warum sind wir berührt und fasziniert, wenn wir ihm zuschauen? Mehr noch, warum soll ein großer Nô-Meister in seinem Gang fesselnder sein als ein kleinerer Nô-Schauspieler, der erst ein Vierteljahrhundert Übung hinter sich hat? Worin liegt der Unterschied?

Wir sprechen von einer ganz einfachen Bewegung – Gehen –, und doch gibt es einen fundamentalen Unterschied zwischen dem einen Gang, der intensiv und lebendig ist, und dem anderen, der ein bloßer Durchschnittsakt bleibt. Jedes Detail innerhalb der Bewegung dient unserem Zweck; wir können sie unter das Mikroskop unserer Aufmerksamkeit legen und den kompletten, einfachen Prozeß beobachten.

Das Auge des Publikums ist das erste hilfreiche Element. Wenn man dieses genaue Mustern als eine echte Erwartung empfindet, die zu jedem Zeitpunkt verlangt, daß nichts Überflüssiges geschieht, nichts aus Schlaffheit, sondern alles aus Wachheit heraus, dann wird auch klar, daß das Publikum keine passive Funktion hat. Es muß sich nicht einmischen oder äußern, um teilzunehmen. Es ist ein ständiger Teilnehmer durch seine wache Anwesenheit. Diese Gegenwart muß als positive Herausforderung empfunden werden, wie ein Magnet, vor dem man sich nicht erlauben kann, »so irgendwie« zu sein. Im Theater ist »so irgendwie« der größte und tückischste Feind.

Das Alltagsleben besteht aus »so irgendwie«. Nehmen wir drei Beispiele. Wenn man etwa eine Prüfung ablegt oder wenn man mit einem Intellektuellen spricht, wird man sich anstrengen, im eigenen Denken oder Sprechen nicht »so irgendwie« zu sein, aber ohne es zu merken, steckt dieses »so irgendwie« in unserem Körper, der unbeachtet und schlaff ist. Wenn wir jedoch bei jemandem sind, der in Not ist, werden wir in unseren Gefühlen nicht »so irgendwie« sein, ganz sicher sind wir freundlich und aufmerksam; doch unsere Gedanken können abschweifen oder verworren sein, und dasselbe gilt für unseren Körper. Und im dritten Fall, wenn man ein Auto steuert, kann zwar der ganze Körper mobilisiert sein, doch der Kopf, sich selbst überlassen, kann »so irgendwie« in Gedanken dahintreiben.

Damit der Schauspieler seine Absichten vollkommen deutlich machen kann, mit intellektueller Wachheit, echtem Gefühl und einem ausgewogenen, trainierten Körper, müssen diese drei Faktoren – Denken, Gefühl, Körper – in vollkommener Harmonie zueinander stehen. Nur dann kann er die Forderung erfüllen, innerhalb einer kürzeren Zeitspanne als bei sich zu Hause intensiv zu sein.

In unserem früheren Experiment – »Jemand bewegt sich durch einen Raum und begegnet einer zweiten Person, während ein Dritter zuschaut« – liegt ein Potential, das entweder ausgeschöpft wird oder nicht. Um dies im Sinne einer Kunstfertigkeit zu verstehen, müssen wir sehr genau betrachten, welche Elemente diese geheimnisvolle Lebens-Bewegung schaffen –

und welche sie verhindern. Fundamentales Element ist der Körper. Bei allen Rassen auf unserem Planeten ist der Körper mehr oder weniger gleich; es gibt ein paar Unterschiede in Größe und Farbe, aber grundsätzlich sitzt der Kopf immer auf den Schultern, auch Nase, Augen, Mund, Bauch und Füße sind an denselben Stellen. Das Instrument Körper ist überall in der Welt dasselbe, unterschiedlich sind nur die Stilrichtungen und kulturellen Einflüsse.

Die Körper japanischer Kinder sind unendlich viel weiter entwickelt als bei westlichen Kindern. Ab zwei Jahren lernt ein Kind dort, in perfektem Gleichgewicht zu sitzen; zwischen zwei und drei beginnt das Kind, sich regelmäßig zu verneigen, was eine wunderbare Übung für den Körper ist. In den Hotels von Tokio stehen sehr gutaussehende junge Mädchen den ganzen Tag an den Fahrstühlen und verbeugen sich jedesmal, wenn die Aufzugtüren sich öffnen und schließen. Sollte eine dieser Frauen eines Tages von einem Regisseur ans Theater geholt werden, kann man davon ausgehen, daß zumindest ihr Körper gut trainiert ist.

Im Westen gehören zu den wenigen Menschen, die noch mit achtzig perfekt entwickelte und trainierte Körper haben, die Orchesterdirigenten. Sein ganzes Leben lang macht ein Dirigent Bewegungen, die mit dem Beugen des Rumpfes anfangen, und er betrach tet sie nicht einmal als Übungen. Wie die Japaner braucht er eine feste Bauchmuskulatur, damit sein übriger Körper um so expressivere Bewegungen machen kann. Es handelt sich nicht um die Bewegungen eines Akrobaten oder Turners, die aus der Anspannung entstehen, sondern um Bewegungen, in denen Gefühl und gedankliche Präzision miteinander verbunden sind. Er braucht die Präzision des Denkens, um jeder Einzelheit der Partitur zu folgen, während seine Gefühle der Musik Qualität verleihen, und sein Körper, ständig in Bewegung, ist das Instrument, durch das er mit den Musikern kommuniziert. Deshalb erfreut sich auch ein älterer Dirigent eines vollkommen geschmeidigen Körpers, obwohl er weder die Tänze eines jungen afrikanischen Kriegers noch die Verbeugungen einer Japanerin vollführt.

Ein großer englischer Dirigent aus der Zeit der Jahrhundertwende stellte einmal fest, »auf dem Kontinent sind die Dirigenten besser vorbereitet, da sie sich verneigen, um den Damen die Hand zu küssen«. Er riet jedem, der Dirigent werden wollte, sich in Zukunft vor allen Damen, denen er begegnete, zu verbeugen und ihnen die Hand zu küssen.

Als ich meine damals drei- oder vierjährige Tochter zum Ballettunterricht brachte, war ich entsetzt über den körperlichen Zustand vieler Kinder dort. Sie waren in ihrem Alter und schon steif, ohne jegliches Gefühl für Rhythmus. Das ist kein besonderes Talent: Jeder hat Rhythmus in sich, bis er blockiert wird, und im Alter von drei Jahren sollte sich jeder natürlich bewegen. Doch die Kinder von heute sitzen stundenlang regungslos vor dem Fernseher und gehen dann mit einem Körper zum Ballettunterricht, der schon steif geworden ist. Das Instrument Körper wird bei uns in der Kindheit nicht so gut entwickelt wie im Fernen Osten. Ein Schauspieler aus dem Westen muß sich bewußt machen, daß er diese Mängel auszugleichen hat.

Das heißt nicht, ein Schauspieler müßte wie ein Tänzer trainieren. Ein Schauspieler braucht einen Körper, der seinen Typus widerspiegelt, während der Körper eines Tänzers sehr wohl neutral sein kann. Tänzer – ich spreche jetzt vom traditionellen Ballett, vom klassischen Tanz – müssen die Anweisungen des Choreographen in relativ unpersönlicher Weise ausführen können. Bei Schauspielern ist das anders; für einen Schauspieler ist es überaus wichtig, körperlich auffällig zu sein, ein Abbild von Welt zu schaffen. Es muß den kleinen Dicken geben, den großen Dünnen, den schnellen Geschmeidigen und den schweren Tolpatsch... Das ist notwendig, weil wir das Leben zeigen, sein Innen und Außen, untrennbar miteinander verbunden. Um das äußere Leben ausdrücken zu können, braucht man deutlich markierte Typen, denn jeder von uns stellt einen bestimmten Typus Mann oder Frau dar. Aber es ist wichtig – und darin liegt die Verbindung zum asiatischen Schauspieler –, daß der dicke und ungeschickte Körper ebenso verfeinert in seiner Sensibilität ist wie der junge, schnelle Körper.

Wenn unsere Schauspieler akrobatische Übungen machen, geht es darum, ihre Sensibilität zu entwickeln, keine akrobatischen Fähigkeiten. Ein Schauspieler, der niemals irgendwelche Übungen macht, spielt »von den Schultern an aufwärts«. Das mag im Film ausreichen, aber beim Theater erlaubt es ihm nicht, die Gesamtheit seines Erlebens zu vermitteln. Es ist ja sehr einfach, mit der Sprache sensibel zu sein oder im Gesicht oder in den Fingern, aber diese selbe Sensibilität muß im restlichen Körper, im Rücken, den Beinen, dem Gesäß durch Übungsarbeit entwickelt werden, da sie keine natürliche Gabe ist. Mit sensibel ist gemeint, daß der Schauspieler jederzeit in Verbindung mit seinem gesamten Körper steht. Wenn er eine Bewegung in Gang setzt, weiß er exakt, wo sich jedes Glied befindet.

Im *Mahabharata* spielten wir eine äußerst riskante Szene; sie fand im Dunkeln statt, alle trugen brennende Fackeln. Die Funken und das tropfende, kochende Öl konnten die wallenden Schals der dünnen Seidenkostüme ohne weiteres in Brand setzen. Wir hatten immer schreckliche Angst davor. Deshalb machten wir regelmäßig Übungen mit Fackeln, damit jeder einzelne jederzeit genau wußte, wo sich die Flammen befanden. Von Anfang an beherrschte der japanische Schauspieler Yoshi Oida diese Übungen am besten, wegen seines disziplinierten Trainings. Ganz gleich, welche Bewegung er ausführt, er weiß stets genau, wohin er seine Füße und Hände plaziert hat, wie seine Augen stehen und in welchem Winkel sich sein Kopf befindet... Er tut nichts zufällig. Aber fordern Sie einmal einen Durchschnittsschauspieler auf, mitten in einer Bewegung innezuhalten und Ihnen auf den Zentimeter genau zu sagen, wo sein Fuß oder seine Hand ist; er wird oft die größten Schwierigkeiten damit haben. In Afrika oder in Asien, wo die Körper der Kinder nicht vom Stadtleben verbogen sind und wo eine lebendige Tradition sie dazu bringt, Tag um Tag aufrecht zu sitzen, sich zu verneigen, zu knien, unauffällig zu gehen, reglos, aber wachsam zu stehen – dort besitzt man bereits, was wir erst durch eine Reihe von Übungen erwerben müssen. Doch dank der ähnlichen Struktur der Körper ist dies absolut möglich.

Ein untrainierter Körper ist wie ein verstimmtes Musikinstrument – sein Resonanzraum ist voll verwirrender, häßlicher Mißtöne und nutzloser Geräusche, welche die wahre Melodie übertönen. Wenn das Instrument des Schauspielers, sein Körper, durch Training gestimmt ist, verschwinden die kraftaufreibenden Spannungen und Angewohnheiten. Er ist jetzt bereit, sich den unbegrenzten Möglichkeiten der Leere zu öffnen. Doch das hat seinen Preis: Diese ungewohnte Leere macht ihm natürlich Angst. Selbst wenn man eine lange Bühnenerfahrung hat, taucht jedesmal, wenn man beginnt, wenn man sich am Rande des Teppichs befindet, diese Angst wieder auf – vor der Leere in einem selbst, vor der Leere im Raum. Um von der Angst wegzukommen, versucht man sofort, diese Leere zu füllen, damit man etwas zu sagen oder zu tun hat. Es bedarf echten Selbstvertrauens, um still zu sitzen oder zu schweigen. Ein großer Teil unserer übermäßigen, unnötigen Entäußerungen rührt von der Horrorvorstellung her, wir würden, wenn wir nicht ständig irgendwie signalisieren, daß wir existieren, auf einmal tatsächlich nicht mehr dasein. Dieses Problem ist im Alltag schlimm genug, wenn uns nervöse, überreizte Leute an die Decke gehen lassen, aber im Theater, wo sich alle Energien auf dasselbe Ziel konzentrieren müssen, ist es überaus wichtig zu erkennen, daß man völlig »da« sein kann, auch wenn man anscheinend nichts »tut«. Es ist wichtig für jeden Schauspieler, solche Hindernisse zu erkennen und einzugestehen, die in diesem Falle ganz natürlich und legitim sind. Wenn man einen japanischen Schauspieler zu seiner Schauspielkunst befragt, wird er bestätigen, daß er vor dieser Grenze gestanden und sie überwunden hat. Wenn er gut spielt, kommt das nicht daher, daß er zuvor ein geistiges Konstrukt aufgebaut hat, sondern daher, daß er eine panikfreie Leere in sich geschaffen hat.

In einem Dorf in Bengalen habe ich einmal eine sehr eindringliche Zeremonie namens Chauu miterlebt. Die Teilnehmer, Leute aus dem Dorf, stellen Schlachten dar und bewegen sich dabei mit kleinen Sprüngen fort. Beim Springen starren sie vor sich hin, und in ihrem Blick liegt eine unglaubliche Stärke und Intensität. Ich fragte ihren Lehrer: »Was tun sie? Worauf konzentrieren sie sich so sehr, daß ihr Blick so kraftvoll wird?« Er antwortete: »Es ist ganz leicht. Ich sage ihnen, sie sollen an nichts denken. Einfach nach vorn schauen und die Augen weit aufreißen.« Ich begriff, daß ihnen diese Intensität niemals gelungen wäre, wenn sie sich auf die Frage konzentriert hätten: »Was fühle ich gerade?« oder wenn sie versucht hätten, den Raum mit Gedanken zu füllen. Dem westlichen Denken fällt es schwer, das zu akzeptieren, da es die »Gedanken« und den Geist schon so viele Jahrhunderte lang als höchste Götter verehrt. Die einzige Antwort liegt in der unmittelbaren Erfahrung, und im Theater kann man spüren, wie absolut real die außergewöhnliche Gegenwart der Leere ist – im Vergleich zu dem armseligen Tohuwabohu in einem Kopf voller Gedanken.

Welche Elemente stören den inneren Raum? Eines ist das übermäßige Denken. Wozu beharren wir darauf, alles immer vorzubereiten? Fast nur, um die Angst zu bekämpfen, daß uns einer erwischt. Früher kannte ich konventionelle Schauspieler, die am liebsten ihre Regieanweisungen bis ins letzte Detail am ersten Probentag bekamen, um von da an in Ruhe gelassen zu werden. Das fanden sie himmlisch, und wenn man zwei Wochen vor der Premiere irgendeine Kleinigkeit verändern wollte, regten sie sich furchtbar auf. Da ich gern ständig alles verändere, manchmal noch am Tag einer Vorstellung, kann ich mit solchen Schauspielern nicht mehr arbeiten, falls es sie heutzutage überhaupt noch gibt. Ich arbeite lieber mit Schauspielern, denen es Spaß macht, flexibel zu sein. Doch selbst unter ihnen gibt es gelegentlich einige, die mir sagen: »Nein, es ist zu spät, ich kann nichts mehr daran ändern«, nur weil sie Angst haben. Sie sind davon überzeugt, daß sie, wenn man ihnen eine bestimmte Struktur wegnimmt, die sie aufgebaut haben, plötzlich nichts mehr übrig behalten und verloren sind. In solchen Fällen hat es keinen Zweck, ihnen zu sagen »Mach dir keine Sorgen«, das ist der sicherste Weg, sie noch mehr zu verängstigen. Man muß ihnen ganz einfach zeigen, daß es nicht stimmt.

Nur durch präzise und wiederholte Proben und Aufführungserfahrungen kann man einem Schauspieler vermitteln, daß sich erst dann, wenn man nicht mehr nach der Sicherheit sucht, echte Kreativität im Raum entfalten kann.

Damit sind wir bei der Frage nach dem Schauspieler als Künstler. Ein wahrer Künstler ist bereit, für einen Augenblick der Kreativität jedes Opfer zu bringen. Ein mittelmäßiger Künstler geht lieber kein Risiko ein, weshalb er auch konventionell bleibt. Alles Konventionelle, alles Durchschnittliche hängt mit dieser Angst zusammen. Ein konventioneller Schauspieler versiegelt seine Arbeit, und das ist ein defensiver Vorgang. Um sich zu schützen, wird »aufgebaut« und dann »versiegelt«. Wer sich öffnen will, muß die Mauern niederreißen.

Dieses Problem ist sehr weitreichend. Was man »eine Figur aufbauen« nennt, ist eigentlich das Fabrizieren einer plausiblen Fälschung. Es gilt also einen anderen Ansatz zu finden. Ein kreativer Ansatz ist zum Beispiel, eine Reihe vorläufiger Fälschungen zu fabrizieren, in dem Bewußtsein, daß damit Schluß sein wird, sobald man spürt, die Figur ist gefunden. An irgendeinem beliebigen Probentag kann man vielleicht nichts Besseres leisten, Hauptsache, man vergißt nicht, daß die wahre Form noch nicht gefunden ist. Sie zeigt sich erst in letzter Sekunde, manchmal sogar noch später. Es ist eine Geburt. Die wahre Form ist nicht wie der Bau eines Hauses, bei dem jede Handlung den logischen Folgeschritt des vorhergehenden darstellt. Im Gegenteil, der richtige Aufbauprozeß beinhaltet eine Art Demontage. Dazu muß man seine Angst akzeptieren. Jede Demontage schafft einen gefährlichen Raum, in dem es weniger Krücken, weniger Stützen gibt.

Zugleich bleibt, auch wenn bei der Improvisation, auf den Proben oder in der Aufführung Momente echter Kreativität gelingen, immer die Gefahr bestehen, daß man die entstehende Form verwischt oder wieder zerstört.

Nehmen wir das Beispiel Publikumsreaktion. Wenn man im Verlauf einer Improvisation die Gegenwart der Zuschauenden spürt – was notwendig ist, sonst ergibt das Ganze ja keinen Sinn – und sie lachen, dann läuft man Gefahr, von diesem Lachen in eine Richtung gezogen zu werden, die man sonst, ohne das Lachen, nicht unbedingt eingeschlagen hätte. Man möchte gefallen, also konzentriert man sich mehr und mehr darauf, Lacher zu bekommen, bis die Verbindung mit der Wahrheit, der Wirklichkeit und der Kreativität sich in der allgemeinen Heiterkeit auflöst. Es ist wesentlich, bewußt auf diesen Prozeß zu achten und nicht blind in die Falle zu tappen.

Ebenso kann man sich, wenn einem bewußt ist, was Angst erzeugt, dabei beobachten, wie man seine Verteidigungsmechanismen in Stellung bringt. Alle Elemente, die Sicherheit vermitteln, müssen beobachtet und in Frage gestellt werden. Ein »mechanischer Schauspieler« wird stets dasselbe tun, und die Beziehung zu seinen Partnern kann sich weder subtil noch sensibel entwickeln. Er gibt nur vor, den anderen zuzusehen oder zuzuhören. Er versteckt sich in seinem »mechanischen« Schneckenhaus, weil es ihm Sicherheit suggeriert.

Dasselbe gilt für den Regisseur. Es liegt eine große Versuchung darin, die ganze Inszenierung vor dem ersten Probentag vorzubereiten. Das ist ganz natürlich, und ich tue es selbst auch immer. Ich mache Hunderte von Skizzen des Bühnenraums und der Bewegungsabläufe. Das sehe ich aber als reine Übung, denn ich weiß, am nächsten Tag muß ich nichts davon mehr ernst nehmen. Es hemmt mich nicht, es ist eine gute Vorbereitung – aber wenn ich die Schauspieler auffordern wollte, das Skizzierte umzusetzen, was ich vor drei Tagen oder drei Monaten aufgezeichnet habe, würde ich jedes bißchen Leben abtöten, das im Augenblick der Probe entstehen kann. Man muß die Vorbereitung erarbeiten, um sie wieder wegzuwerfen, aufbauen, um wieder zu demontieren…

Es ist eine Grundregel, daß bis zum letzten Moment alles eine Form der Vorbereitung darstellt, und so muß man Risiken eingehen, im Bewußtsein der Tatsache, daß keine Entscheidung unwiderruflich ist.

Zu den Gegebenheiten, die einen leeren Raum notwendig bestimmen, gehört die Abwesenheit eines Bühnenbilds. Damit will ich nicht sagen, dies wäre in jedem Falle besser, ich urteile nicht, sondern spreche nur etwas Offensichtliches aus. Mit einem Bühnenbild ist der Raum nicht mehr leer, und der Kopf des Zuschauers ist bereits möbliert. Ein nackter Ort erzählt keine Geschichte: Phantasie, Aufmerksamkeit und Denkprozeß sind bei jedem Zuschauer frei und ungehindert.

Wenn unter solchen Umständen zwei Menschen über die Bühne gehen und der eine zum anderen sagt: »Guten Tag! Mr. Livingstone, nehme ich an?«, so genügen diese Worte, um Afrika heraufzubeschwören, Palmen undsoweiter. Hätte er statt dessen gesagt: »Guten Tag... wo ist hier die Métro?«, so würde der Zuschauer sich eine andere Bilderwelt vorstellen, und der Schauplatz wäre etwa eine Straße in Paris. Wenn aber der erste sagt: »Wo ist hier die Métro?« und der zweite antwortet: »Die Métro? Hier? Mitten in Afrika?«, dann eröffnen sich mehrere Möglichkeiten, und das zunächst in unserem Kopf entstehende Bild von Paris löst sich allmählich auf. Entweder befinden wir uns im Dschungel und die eine Figur ist verrückt, oder wir stehen auf einer Straße in Paris und die andere hat Halluzinationen. Die Abwesenheit des Bühnenbildes ist *eine* Voraussetzung für das Anspringen der Vorstellungskraft.

Wenn man nichts weiter tut, als zwei Menschen nebeneinander in einen leeren Raum zu stellen, gerät jede Einzelheit um so genauer in den Blick. Für mich liegt hier der große Unterschied zwischen dem Theater in seiner Grundform und dem Film. Im Film steht, aufgrund der realistischen Natur der Fotografie, eine Person immer in einem Kontext, nie treten kontextlose Figuren auf. Es hat Versuche gegeben, Filme an abstrakten Orten zu drehen, ohne Kulissen, vor weißem Hintergrund, aber abgesehen von Dreyers *Jeanne d'Arc* hat das praktisch nie funktioniert. Wenn man die Tausende großartiger Filme betrachtet, die es gibt, ist klar, daß die Stärke des Films in der Fotografie liegt, und dieses Medium bringt einfach mit sich, daß eine Person an einem Ort ist. In dieser Hinsicht kann der Film keinen Augenblick lang den gesellschaftlichen Kontext ignorieren, in dem er sich abspielt. Dieser Kontext erfordert einen gewissen Alltagsrealismus, innerhalb dessen der Schauspieler in derselben Welt lebt wie die Kamera. Im Theater kann man sich beispielsweise einen Schauspieler in Alltagskleidung vorstellen, der mit Hilfe einer weißen Skimütze anzeigt, daß er den Papst spielt. Ein Wort würde genügen, um den Vatikan heraufzubeschwören. Im Film wäre das unmöglich. Man würde eine spezifische Erklärung im Plot benötigen, etwa daß alles in einer Irrenanstalt spielt und der Patient mit der weißen Mütze an Wahnvorstellungen über die Kirche leidet – sonst bliebe dieses Bild sinnlos. Beim Theater füllt die Phantasie den Raum, während die Kinoleinwand als Rahmen des Ganzen erfordert, daß alles im Bild auf logisch-kohärente Weise miteinander verknüpft ist.

Leere im Theater gestattet der Phantasie, die Lücken zu füllen. Paradoxerweise ist die Phantasie um so glücklicher, je weniger man sie füttert, denn sie ist ein Muskel, der gerne Spiele spielt.

Was ist damit gemeint, wenn wir von »Publikumsbeteiligung« sprechen? In den Sechzigern träumten wir von Zuschauern, die sich »beteiligten«. Wir waren so naiv, uns vorzustellen, sie würden mit dem Körper demonstrieren, auf die Bühne springen, herumrennen und sich den Schauspielern anschließen. Nun ist ja alles möglich, und diese Art von »Happening« kann durchaus spannend sein, aber »Beteiligung« ist etwas anderes. Sie besteht darin, ein Komplize der Handlung zu werden, zu akzeptieren, daß eine Flasche zum Schiefen Turm von Pisa wird oder zu einer Mondrakete. Die Phantasie wird dieses Spiel fröhlich mit-spielen, solange der Schauspieler sich im »Nirgend-wo« befindet. Wenn es hinter ihm auch nur ein ein-ziges Bühnenbildelement gibt, das »Raumschiff« signalisiert oder »Büro in Manhattan«, dann schaltet sich auf der Stelle eine filmische Plausibilität ein, und man bleibt in den logischen Grenzen des Bühnenbil-des eingesperrt.

In einem leeren Raum können wir akzeptieren, daß eine Flasche eine Rakete ist und uns gleich zur Venus trägt, wo wir einem echten Menschen begegnen wer-den. Sekundenbruchteile später können sich Zeit und Raum ändern. Es reicht, wenn ein Schauspieler fragt: »Wie viele Jahrhunderte war ich hier?«, und schon machen wir einen Riesensprung vorwärts. Der Schauspieler kann auf der Venus sein, dann in einem Supermarkt, er kann in der Zeit vor- und zurückge-hen, zur Erzählerrolle zurückkehren, wieder mit einer Rakete davonfliegen undsoweiter, all das inner-halb weniger Sekunden und mit einem Minimum an Worten. Das ist möglich, wenn wir uns in einem lee-ren Raum befinden. Alle Konventionen sind vorstell-bar, aber sie müssen frei sein von starren Formen.

Unsere Experimente auf diesem Gebiet begannen in den Siebzigern mit etwas, das wir *Die Teppich-Show* nannten. Auf unseren Reisen nach Afrika und in an-dere Erdteile war das einzige, was wir immer dabeihatten, ein kleiner Teppich, der unser Arbeitsfeld eingrenzte. Dadurch erlebten wir die technische Grundlage des Shakespearschen Theaters. Wir begriffen, daß Shakespeare nicht durch die Auseinandersetzung mit verschiedenen Rekonstruktionen elisabethanischer Theater am besten zu studieren war, sondern ganz einfach durch Improvisationen auf einem Teppich. Wir erkannten, daß man eine Szene im Stehen beginnen und sie durch Hinsetzen beenden konnte, und wenn man wieder aufstand, befand man sich in einem anderen Land, einer anderen Zeit, ohne den Rhythmus der Geschichte verloren zu haben. Bei Shakespeare gibt es Szenen, wo zwei Figuren durch einen geschlossenen Raum gehen und plötzlich, ohne irgendeinen merklichen Bruch, unter freiem Himmel stehen. Ein Teil der Szene spielt drinnen, ein anderer draußen, ohne daß der Moment des Übergangs angegeben wird.

Mehrere Shakespeare-Experten haben ganze Bücher über dieses Thema geschrieben und häufig die Frage seines Gebrauchs der »doppelten Zeit« aufgeworfen. »Wie kommt es, daß dieser große Dichter nicht seinen Fehler bemerkt hat? An einer Stelle im Text sagt er, eine Handlung habe drei Jahre gedauert, woanders sind es anderthalb Jahre, und in Wirklichkeit dauert sie nur zwei Minuten«, fragen sie sich. »Wie konnte dieser schlampige Autor einen ersten Satz schreiben, in dem er angibt, wir seien ›drinnen‹, und im nächsten Satz heißt es ›Schau dir mal diesen Baum an‹, woraus wir schließen können, daß wir uns in einem Wald befinden?« Es ist sonnenklar, daß Shakespeare Theaterstücke für einen unbegrenzten Raum in einer unbestimmten Zeit geschrieben hat.

Keine Einheit des Ortes, keine Einheit der Zeit legt uns fest, der Akzent liegt auf den menschlichen Beziehungen. Unsere Aufmerksamkeit wird davon gebannt, wie zwei Figuren miteinander spielen; der gesellschaftliche Kontext, im Leben allgegenwärtig, wird nicht gezeigt, aber von den anderen Figuren hergestellt. Wenn die Beziehung zwischen einer reichen Frau und einem Dieb das Thema der Handlung ist, wird diese Beziehung weder vom Bühnenbild noch von den Requisiten hergestellt, sondern vom Plot, der Handlung selbst. Er ist ein Dieb, sie ist reich, dann kommt ein Richter dazu: die menschliche Beziehung zwischen der Frau, dem Dieb und dem Richter stellt den Kontext her. Wo sie »spielt«, im lebendigen Sinn des Wortes, wird in dynamischer und vollkommen freier Weise durch die Interaktion der Figuren dargestellt. Das gesamte »Schauspiel«, den Text und alle gesellschaftlichen und politischen Bezugspunkte inbegriffen, wird zum unmittelbaren Ausdruck der unterschwelligen Spannungsverhältnisse.

Wenn man ein realistisches Bühnenbild hat, mit

einem Fenster für den Dieb zum Hindurchklettern, einem Safe zum Aufknacken, einer Tür für die reiche Dame zum Öffnen… das kann der Film besser! Unter Bedingungen, die das normale Leben imitieren, wird der Rhythmus ebenso schlaff sein wie unsere einfachsten Alltagshandlungen, und hier mischt sich der Regisseur beim Schnitt eines Films ja auch noch mal ein und nimmt all die Stückchen heraus, wo sich nur Uninteressantes abspielt. Der Filmemacher hat diesen Vorteil, den der Theaterregisseur sich nur verschaffen kann, wenn er ein realistisches Bühnenbild aufgibt und sich auf die offene Bühne begibt. Dann erwacht das Theater wieder zum Leben, *indem es theatralisch ist.* Dies bringt uns zum Ausgangspunkt zurück: Damit es einen Unterschied zwischen Theater und Nicht-Theater gibt, zwischen Alltagsleben und theatralischem Leben, muß eine Verdichtung der Zeit stattfinden, die untrennbar verbunden ist mit einer Verstärkung der Energie. Dadurch wird eine starke Verbindung zum Zuschauer hergestellt. Deshalb spielt in den meisten Formen von dörflichem oder volkstümlichem Theater die Musik eine wesentliche Rolle beim Anheben des Energielevels.

Musik beginnt beim Rhythmus. Die bloße Anwesenheit eines Pulsierens, eines Zuckens spitzt bereits die Handlung zu, schärft das Interesse. Dann kommen andere Instrumente hinzu, übernehmen immer aus-

gefeiltere Rollen – immer im Bezug zur Handlung.
Ich muß diesen Punkt betonen. Musik im Theater –
und volkstümliche Theaterformen haben das immer
pragmatisch anerkannt – existiert nur in Beziehung
zu den schauspielerischen Energien. Sie steht in kei-
nerlei Zusammenhang mit all den Stilfragen, die sich
in der eigentlichen Kompositionskunst über die Jahrhunderte mit jeder neuen Schule weiterentwickelt
haben. Ein Bühnenmusiker versteht das ohne weiteres, sofern er sich dafür interessiert, die Energien
eines Schauspielers zu verfolgen und selbst zu entwickeln. Für einen Komponisten ist es allerdings sehr
schwer, das zu akzeptieren. Ich will damit in keiner
Weise die Komponisten angreifen, sondern lediglich
von unseren jahrelangen Erfahrungen erzählen, während deren eine musikalische Form, die eng mit der
Arbeit der Schauspieler zusammenhängt, von den auf
der Bühne mitwirkenden Musikern hervorgebracht
wurde, die von Anfang an integraler Bestandteil
der Gruppenaktivitäten waren. Natürlich kann ein
Komponist einen großartigen Beitrag leisten, aber
nur, wenn er anerkennt, daß er sich dazu in die gemeinsame Sprache der Aufführung einbeziehen muß,
anstatt zu versuchen, den Ohren der Zuschauer mit
seiner eigenen, unabhängigen Sprache zu gefallen.

Das Theater ist wohl eine der schwierigsten Künste, denn der Schauspieler muß drei Verbindungen gleichzeitig und in vollkommener Harmonie herstellen: zu seinem Innenleben, zu seinen Mitspielern und zu den Zuschauern.

Zunächst muß er in eine stille Beziehung zu seinem tiefsten Innern treten, dort, wo Sinn entsteht. Die großartigen Geschichtenerzähler, die ich in afghanischen und iranischen Teehäusern gesehen habe, beschwören voller Freude, aber auch mit einem inneren Ernst die alten Mythen herauf. In jedem Augenblick öffnen sie sich dem Publikum, nicht um ihm zu gefallen, sondern um gemeinsam mit ihm die Werte eines heiligen Textes zu erfahren. Die großen Geschichtenerzähler, die in den Tempeln Indiens das *Mahabharata* vortragen, verlieren niemals den Kontakt zu dem Mythos, den sie gerade nacherleben, in all seiner Großartigkeit. Sie haben sozusagen ein Ohr nach innen gekehrt und eines nach außen. So sollte es auch bei jedem echten Schauspieler sein. Es bedeutet, zur selben Zeit in zwei Welten zu sein.

Das ist sehr schwierig und komplex und führt zu der zweiten Herausforderung. Wenn ein Schauspieler Hamlet oder König Lear spielt und in den verborgensten Winkeln seiner Psyche die Reaktion auf den Mythos beobachtet, so darf er dabei den engen Kontakt zu den anderen Schauspielern nicht verlieren. Ein

Teil seiner kreativen Kräfte muß, während er spielt, nach innen gekehrt sein. Kann er das wirklich und vollkommen wahrhaftig schaffen, ohne daß es die Verbindung zu dem anderen, vor ihm Stehenden unterbricht, und sei es nur für einen Augenblick? Dies ist so unglaublich schwierig, daß hier auch die größte Versuchung besteht, zu mogeln. Oft sieht man Schauspieler, manchmal große Namen – vor allem Opernsänger –, die im vollen Bewußtsein ihrer Berühmtheit ausschließlich mit sich selbst beschäftigt sind und nur vorgeben, mit ihren Partnern zu spielen. Dieses Versinken im eigenen Ich läßt sich nicht einfach als Eitelkeit oder Narzißmus abtun. Im Gegenteil, es kann von einer tiefen künstlerischen Ernsthaftigkeit getragen sein, die nur unglücklicherweise nicht so weit geht, den anderen wirklich einzuschließen. Ein Lear wird immer spielen, daß er mit seiner Cordelia spielt, notfalls durch eine gekonnte Imitation des Hinschauens und -hörens, aber es ist etwas ganz anderes, ob er nur ein höflicher Kollege sein will oder die eine Hälfte eines Duos, das gemeinsam eine Welt erschafft. Falls er nur den disziplinierten Mitspieler abgibt, teilabgeschaltet, wenn er gerade nicht an der Reihe ist, kann er seine wichtigste Aufgabe nicht erfüllen, nämlich ein Gleichgewicht herzustellen zwischen seinem äußeren Verhalten und seinen intimsten Impulsen. Fast immer wird etwas dabei vernachlässigt, abgesehen von den Momenten der Gnade, wenn das Ensemblespiel sich ohne Spannungen und Aufspaltungen, nahtlos und rein zusammenfügt.

Während der Proben muß man darauf achten, nicht zu früh zu weit zu gehen. Schauspieler, die sich zu früh emotional entblößen, erweisen sich oft als unfähig, wirkliche Beziehungen zu ihren Mitspielern zu finden. In Frankreich mußte ich besonders auf dieses Problem achten, denn viele Schauspieler sprangen sofort kopfüber in das Vergnügen hinein, sich gehen zu lassen. Selbst wenn der Text mit Nachdruck zu sprechen ist, müssen die Proben oft ganz behutsam und vertraulich beginnen, sonst vergeuden wir unsere Energie. Andererseits sind manche Schauspieler daran gewöhnt, am Anfang um einen Tisch gekauert zu hocken und im Schutz ihrer Schals und Kaffeetassen anzufangen; in solchen Fällen muß vielmehr durch Bewegung und Improvisation die Kreativität des ganzen Körpers befreit werden. Es kann sehr nützlich sein, einen Text mit anderen Wörtern, anderen Bewegungen zu improvisieren, damit man frei genug ist, eine Beziehung zu erspüren. Doch natürlich ist all das nur eine vorübergehende Phase auf dem Weg zu jenem äußerst schwierigen und kaum faßbaren Ziel, im Kontakt mit seinem eigenen persönlichen Inhalt zu bleiben, während man gleichzeitig mit lauter Stimme spricht. Wie schafft man es, diesen Ausdruck seines Innersten anwachsen zu lassen, bis er einen großen Raum füllen kann, ohne ihn dabei zu verraten? Wie erhebt man seine Stimme, ohne daß diese Beziehung dadurch aus dem Gleichgewicht gerät? Es ist unglaublich schwer: dies ist das Paradox der Schauspielerei.

Und als wären die beiden Herausforderungen, die ich eben angesprochen habe, nicht groß genug, müssen wir nun noch zur dritten Aufgabe kommen. Die beiden spielenden Akteure müssen gleichzeitig Figuren und Geschichtenerzähler sein. Vielfache Geschichtenerzähler, mit vielen Köpfen, denn während sie eine enge Beziehung miteinander erspielen, sprechen sie auch unmittelbar zu den Zuschauern. Lear und Cordelia stellen nicht nur eine möglichst glaubwürdige Beziehung zwischen König und Tochter her, sondern als gute Schauspieler müssen sie außerdem ein Gespür dafür behalten, ob das Publikum ihnen folgt.

So ist man stets gezwungen, um den Aufbau und die Erhaltung dieser dreifachen Beziehung zu ringen: zum eigenen Ich, zu dem anderen und zum Publikum. »Wie?« ist leicht gefragt – aber es gibt kein tröstliches Rezept. Die Vorstellung von einem dreifachen Gleichgewicht beschwört sofort das Bild von einem Seiltänzer herauf. Er erkennt die Gefahren, er trainiert, um ihnen entgegentreten zu können, aber das Gleichgewicht muß er jedesmal, wenn er aufs Seil geht, neu finden – oder verlieren.

Das wichtigste Leitprinzip, das ich in meiner Arbeit kenne und auf das ich am meisten achte, ist die Langeweile. Im Theater kann Langeweile jeden Augenblick auftauchen, wie der listenreichste Teufel. Beim geringsten Anlaß kann er einen anfallen, er lauert nur darauf, und er ist unersättlich. Er ist immer auf dem Sprung, sich unbemerkt in eine Handlung, eine Bewegung, einen Satz einzuschleichen. Wenn man das einmal weiß, muß man nur noch der eigenen eingebauten Fähigkeit zur Langeweile vertrauen und sie als Bezugsgröße benutzen, im Wissen darum, daß man diese Eigenschaft mit allen anderen Erdbewohnern gemeinsam hat. Es ist unglaublich; während einer Probe oder einer Übung sage ich mir: »Wenn ich mich jetzt langweile, muß es auch einen Grund dafür geben«, und dann suche ich aus reiner Verzweiflung nach der Ursache, gebe mir einen Ruck, und schon kommt ein neuer Einfall heraus – ein Impuls für meinen Partner, den er seinerseits wiederum an mich zurückspielt. Das Auftauchen der Langeweile ist wie ein blinkendes rotes Alarmsignal.
Natürlich hat jeder Mensch seine eigene Langeweile-Schwelle. Was man in sich entwickeln muß, hat

nichts mit Ruhelosigkeit oder einer zu kurzen Aufmerksamkeitsspanne zu tun. Die Langeweile, von der ich spreche, ist das Gefühl, daß mich die Handlung, die sich gerade entfaltet, nicht länger interessiert.

Über viele Jahre haben wir an unserem *International Centre* in Paris eine Tradition aufgebaut, auf die wir sehr viel Wert legen. Nach etwa zwei Dritteln der Probenzeit ziehen wir los und zeigen die Produktion als Work-in-Progress vor einem Publikum, so unfertig, wie sie ist. Normalerweise gehen wir in eine Schule und spielen vor Kindern; meistens kennen sie das Stück nicht, und niemand hat ihnen gesagt, was sie erwartet. Wir gehen ohne Requisiten und Kostüme hin, wir machen vorher keine Stellprobe und improvisieren mit den Objekten, die wir im »leeren Raum« des Klassenzimmers vorfinden.

Zu Beginn der Proben wäre das unmöglich, alle wären zu ängstlich, verschlossen und unvorbereitet – was ganz natürlich ist –, aber sobald wir erst einmal richtig gearbeitet haben, können wir auch testen, was wir entdeckt haben: Wo wecken wir ein Interesse bei anderen Leuten als uns selbst, und wo erzeugen wir nur Langeweile? Ein Publikum aus Kindern ist der beste Kritiker; Kinder sind unvoreingenommen, sie sind entweder sofort gefesselt oder gelangweilt, entweder gehen sie mit den Schauspielern mit, oder sie werden ungeduldig.

Wenn man sein potentielles Publikum erreicht, sind die verschiedenen Ebenen von Stille das wichtigste Barometer. Dadurch kann man bei genauem Hinhören alles über eine Aufführung erfahren. Manchmal geht eine bestimmte Gefühlsregung wie eine Welle durch das Publikum, und die Art der Stille verändert sich. Wenige Sekunden später kann sie wieder völlig anders sein, und so geht es immer weiter, man kommt von einem Augenblick großer Intensität zu einem weniger dichten Moment, in dem die Stille unweigerlich nachläßt. Jemand hustet dann oder rutscht herum, und die langsam einsickernde Langeweile äußert sich durch kleine Geräusche, ein Zuschauer verlagert sein Gewicht, so daß der Sitz knarrt oder quietscht, oder man hört, wie eine Hand das Programmheft aufschlägt, das ist das Schlimmste.

Man darf also nie davon ausgehen, es sei automatisch interessant, was man macht, und sich nie sagen, das Publikum sei schlecht. Sicher, manchmal trifft man schon auf furchtbar schlechte Zuschauer, aber man muß sich strengstens verbieten, das zu sagen, ganz einfach, weil man nie von einem Publikum erwarten kann, daß es gut ist. Es gibt nur Zuschauer, die es uns leichter oder weniger leicht machen, und unsere Aufgabe ist es, jedes Publikum in ein gutes zu verwandeln. Ein einfaches Publikum ist ein Geschenk des Himmels, aber ein schwieriges Publikum ist kein

Feind. Im Gegenteil, ein Publikum ist von Natur aus erst einmal widerspenstig, und man muß immer danach suchen, wie man es anregen und bei der Stange halten kann. Auf dieser gesunden Grundlage operiert das Kommerztheater, doch die echte Herausforderung stellt sich, wenn es nicht allein um Erfolg geht, sondern wenn man tiefere Bedeutungsebenen ansprechen und nicht mehr um jeden Preis gefallen will.

In einem Theater mit Guckkastenbühne, wo die Proben ohne Publikumskontakt stattfinden, ist es nicht verwunderlich, wenn am Premierenabend keine Verbindung zwischen dem Publikum und den Personen da ist, die ihm auf der Bühne die Geschichte vorspielen. Oft beginnt die Aufführung in einem bestimmten Tempo, das überhaupt nicht mit den Zuschauern im Einklang steht. Manchmal, wenn eine Produktion bei der Premiere durchfällt, war vorher zu beobachten, daß die Schauspieler ihren eigenen Rhythmus hatten und jeder Zuschauer einen anderen – und daß all diese disparaten Bewegungen nicht in Einklang gebracht wurden.

Beim Dorftheater dagegen befinden sich vom ersten Trommelschlag an die Musiker, Schauspieler und Zuschauer in derselben Welt. Sie sind vereint. Die erste Bewegung, die erste Geste schafft die Verbindung, und von diesem Moment an entfaltet sich die Geschichte durch einen gemeinsamen Rhythmus. Das haben wir oft erlebt, nicht nur während unserer Experimente in Afrika, sondern auch, wenn wir in Gemeindesälen, Sporthallen und anderen Räumen spielten. Dadurch bekamen wir ein klares Bild von dieser vereinenden Beziehung, die sich einstellen muß, und von welchen Faktoren die rhythmische Struktur einer Produktion abhängt. Wenn einem dieses Prinzip einmal deutlich geworden ist, versteht man besser, warum das Theaterspielen in der Arena oder in einem anderen Raum, der mit der Guckkastenbühne nichts zu tun hat, wo also das Publikum die Schauspieler umgibt, so oft eine Natürlichkeit und Lebendigkeit hat, die ein frontales »Bilderrahmen-Theater« einfach nicht bieten kann.

Die Gründe, warum ein Stück gespielt wird, bleiben in der Regel im dunkeln. Zur Rechtfertigung heißt es etwa: »Wir haben es gewählt, weil unser Geschmack oder unsere Überzeugungen oder unsere kulturellen Wertvorstellungen es nahelegen, diese Art Stück anzusetzen.« Doch aus welchem Grund? Wenn man diese eine Frage nicht stellt, gibt man sich mit tausend sekundären Motiven zufrieden: Der Regisseur will seine Auffassung von diesem Stück zeigen, es gilt ein stilistisches Experiment vorzuführen, eine politische Theorie zu illustrieren... Tausende vorstellbarer Erklärungen, aber sie alle sind nebensächlich im Vergleich zur Hauptfrage: Kann es dem Gegenstand gelingen, ein wesentliches Anliegen oder Bedürfnis bei den Zuschauern zu berühren?

Politisches Theater scheitert oft an dieser Hürde, es sei denn, man spielt für die bereits Bekehrten; aber nichts illustriert den entscheidenden Punkt besser als eine traditionelle Aufführung, die aus ihrem Zusammenhang gerissen wird.

Als ich 1970 zum ersten Mal im Iran war, sah ich eine sehr kraftvolle Form von Theater namens Ta'azieh. Unsere kleine Freundesgruppe war von weither gekommen – mit dem Flugzeug nach Mashhad und dann per Taxi weit in das hügelige offene Land, von der einzigen Überlandstraße ging es über eine schlammige Piste –, um ein unwahrscheinliches Rendezvous mit einer Theateraufführung einzuhalten. Plötzlich standen wir an einer braunen Mauer, die das Dorf umgab; an einem Baum bildeten zweihundert Dorfbewohner einen Kreis. Sie standen und saßen in der glühenden Sonne, ein so lückenloser Ring aus Menschen, daß wir fünf Außenseiter völlig von ihrer Einheit aufgesogen wurden. Es waren Männer und Frauen in traditioneller Kleidung, junge Männer in Jeans, auf ihre Fahrräder gestützt, und überall Kinder.

Die Dorfbewohner harrten in ungeteilter Erwartung,

weil sie bis ins letzte Detail wußten, was auf sie zu-
kam, und wir, die wir nichts wußten, stellten eine Art
ideales Publikum dar. Als einziges war uns gesagt
worden, daß das Ta'azieh die islamische Form des
Mysterienspiels ist, daß es viele davon gibt und daß
sie von den Martyrien der ersten zwölf Imams han-
deln, die dem Propheten folgten. Obgleich der Schah
diese Aufführungen seit vielen Jahren verboten
hatte, wurden sie heimlich weiterhin in drei- oder
vierhundert Dörfern veranstaltet. Das eine, das wir
nun sehen sollten, hieß *Hossein*, mehr wußten wir
nicht. Doch nicht allein, daß die Vorstellung eines
islamischen Dramas uns nichts sagte – wir waren zusätzlich skeptisch, da wir uns in einem Winkel unseres Gehirns daran erinnerten, daß die arabischen
Länder keine Theatertradition haben, weil der Koran
die Darstellung der menschlichen Gestalt verbietet.
Wir wußten, daß selbst die Wände der Moscheen mit
nichtfigurativen Mosaiken und kalligraphischen Or-
namenten dekoriert sind, nicht mit den großen Köpfen und suchenden Augen, wie man sie im Christen-
tum findet.

Der Musiker, der unter dem Baum saß, schlug unab-
lässig einen Rhythmus auf seiner Trommel, und ein
Dorfbewohner trat in den Kreis. Er trug Gummistiefel und wirkte edel und tapfer. Um seine Schultern lag ein hellgrünes Tuch – die heilige Farbe, die

Farbe des fruchtbaren Landes –, und wie man uns erklärte, zeigte dies, daß er ein heiliger Mann war. Er sang eine lange melodische Phrase, die aus ganz wenigen Tönen bestand, in einem Pattern, das ständig wiederholt wurde und dessen Worte wir nicht verstehen konnten. Ihre Bedeutung wurde aber sehr bald klar durch einen Laut, der aus dem tiefsten Inneren des Sängers drang. Diese Gefühlsregung war keinesfalls seine eigene. Es war, als hörten wir die Stimme seines Vaters, die Stimme von dessen Vater und so fort. Er stand da mit gespreizten Beinen, kraftvoll, völlig durchdrungen von seiner Aufgabe, und er war die Inkarnation der Figur, die in unserem Theater immer am schwierigsten zu gestalten ist: der Held. Ich hatte lange Zeit bezweifelt, daß sich ein Held überhaupt darstellen ließe; für unsere Begriffe werden Helden, wie alle »guten« Figuren, leicht blaß und sentimental oder hölzern und lächerlich, und nur wenn wir uns dem Bösen annähern, kann etwas Interessantes zum Vorschein kommen. Und gerade, als ich mir das sagte, betrat eine andere Figur den Kreis, die ein rotes, in sich verdrehtes Tuch trug. Die Spannung stellte sich augenblicklich ein: Der Böse war gekommen. Er sang nicht, er hatte kein Recht auf eine Melodie, er deklamierte bloß, in hartem, scharrendem Ton, und schon war das Drama im Gange.

Die Geschichte wurde klar: Der Imam war für den Augenblick in Sicherheit, aber er mußte weiterreisen. Dazu hatte er allerdings das Gebiet seiner Feinde zu durchqueren, die schon einen Hinterhalt ausheckten. Während sie ihre bösen Absichten herausschrien und knurrten, lief eine Welle der Angst und Verzweiflung durch die Zuschauer.

Natürlich wußte jeder, daß er die Reise unternehmen würde, und jeder wußte, daß er dabei den Tod fand, aber zu Beginn schien es noch, als könnte er gerade heute seinem Schicksal irgendwie entkommen. Seine Freunde bedrängten ihn, er solle nicht reisen. Zwei kleine Jungen, die unisono sangen, seine Söhne, kamen in den Kreis und flehten ihn leidenschaftlich an, nicht fortzugehen. Der Märtyrer kannte das Schicksal, das ihn erwartete. Er schaute seine Söhne an, sang einige herzergreifende Abschiedsworte, drückte sie an seine Brust und schritt von dannen, seine großen Bauernstiefel trugen ihn fest über die Erde. Die Jungen standen da, sahen ihn mit zitternden Lippen entschwinden. Plötzlich war es zuviel für sie, sie rannten ihm nach, warfen sich ihm zu Füßen. Wieder stimmten sie ihre flehentliche Bitte an, mit derselben hohen musikalischen Phrase. Wieder antwortete er mit seiner Abschiedsmelodie, wieder umarmte er sie, wieder verließ er sie, wieder zögerten sie und rannten zu ihm, noch stürmischer, um sich ihm wieder zu Füßen zu werfen, und wieder wurde dieselbe Melodie gesungen… Ein ums andere Mal, hin und her in dem Kreis wurde die identische Szene wiederholt. Beim sechsten Mal nahm ich ein leises Murmeln um mich herum wahr, und als ich für einen Moment die Augen von dem Geschehen ließ, sah ich zitternde Lippen, Hände und Taschentücher, die sich die Zuschauer in den Mund gesteckt hatten, schmerzverzerrte Gesichter, und die ältesten Männer und Frauen, dann die Kinder und schließlich die jungen Männer auf den Fahrrädern begannen alle miteinander hemmungslos zu schluchzen.

Nur bei unserer winzigen Gruppe von Fremden blieben die Augen trocken, doch zum Glück waren wir so wenige, daß unsere mangelnde Ergriffenheit nichts ausmachte. Die Aufladung mit Energie war so machtvoll, daß wir den Stromkreis nicht unterbrachen, und dadurch befanden wir uns in einer einzigartigen Position als Beobachter, ganz nah am Mittelpunkt eines Ereignisses, das zu einer fremden Kultur gehörte, ohne irgendeine Störung oder Verzerrung zu verursachen. Der Kreis funktionierte nach bestimmten fundamentalen Gesetzen, und ein wahrhaftiges Phänomen spielte sich ab: das der »theatralischen Darstellung« und Vergegenwärtigung. Ein Geschehnis aus fernster Vergangenheit war dabei, »vergegenwärtigt«, in die Gegenwart geholt zu werden; die Vergangenheit geschah hier und jetzt, die Entscheidung des Helden und seine Qualen fanden jetzt statt, und die Tränen der Zuschauer wurden über diesen Moment vergossen. Die Vergangenheit wurde weder beschrieben noch bebildert, die Zeit war außer Kraft gesetzt worden. Das Dorf beteiligte sich unmittelbar und unbedingt, hier und jetzt an dem wirklichen Tod einer wirklichen Figur, die vor ein paar tausend Jahren gestorben war. Die Geschichte war ihnen viele Male vorgelesen und mit Worten beschrieben worden, doch nur die theatralische Form konnte das Wunder bewirken, sie zu einem Teil gelebter Erfahrung werden zu lassen.

Dies ist möglich, wenn niemand versucht, irgendein Element dabei für mehr auszugeben, als es ist. Folglich kommt es auch zu keinem Gratisperfektionismus. Von einem bestimmten Standpunkt aus kann man Perfektionismus als Hommage, als Hingabe betrachten – die Bemühung des Menschen, einem Ideal zu huldigen, wobei er sein Handwerk und seine Kunst an ihre Grenzen treibt. Aus einer anderen Perspektive kann man das auch als den Sturz des Ikarus sehen, der versuchte, höher zu fliegen, als ihm zustand, und die Götter erreichen wollte. Im Ta'azieh gibt es, theaterbezogen gesprochen, keinen Versuch, irgend etwas zu gut zu machen: die Schauspielerei verlangt keine allzu vollständigen, detaillierten oder realistischen Figurenzeichnungen. Anstelle des Versuchs der Perfektionierung gibt es aber ein anderes Kriterium: den Drang, den wahren inneren Widerhall aufzuspüren. Keine Frage, daß das keine intellektuelle oder bewußt vorbereitete Haltung sein kann, doch im Klang der Stimmen schwang unmißverständlich die große Tradition mit. Das Geheimnis lag offen zutage. Hinter dieser Darbietung stand eine Lebensweise, ein Dasein, tief in der allgegenwärtigen und alles durchdringenden Religion verwurzelt. Hier wurde das, was in der Religion so oft Abstraktion, Dogma oder Glaubensbekenntnis bleibt, zur Realität des Glaubens der Dorfbewohner. Der innere Widerhall erwächst nicht aus dem Glauben: der Glaube wächst im inneren Widerhall.

Ein Jahr später, als der Schah der Welt ein gutes liberales Image seines Landes präsentieren wollte, wurde beschlossen, das Ta'azieh beim nächsten Internationalen Festival der Künste in Schiras vorzustellen. Also mußte dieses erste internationale Ta'azieh natürlich das beste von allen sein. Talentsucher wurden durch das ganze Land geschickt, um die besten Mitspieler ausfindig zu machen. Schließlich wurden Schauspieler und Musiker aus weit verstreut liegenden Dörfern versammelt und nach Teheran gebracht, von Kostümbildnern mit maßgeschneiderter Kleidung ausgestattet, von einem professionellen Theaterregisseur gedrillt, von einem Dirigenten geleitet und schließlich mit dem Bus zu der Aufführung in Schiras gekarrt. Hier, vor der Schahbanu und fünfhundert internationalen Festivalgästen in Gala, allesamt ohne jeglichen Bezug zu dem heiligen Inhalt, wurden die Dorfleute zum erstenmal in ihrem Leben auf eine frontale Plattform gestellt, mit Scheinwerfern, die auf sie heruntergleißten und in deren Licht sie nur verschwommen eine Tribüne voller Gesellschaftsgrößen erkennen konnten, und nun sollten sie »ihre Nummer vorführen«. Die Gummistiefel, die der Kaufmann aus dem Dorf getragen und in denen er sehr flott ausgesehen hatte, waren durch Lederstiefel ersetzt worden, ein Lichtdesigner hatte Effekte vorbereitet, die Behelfsrequisiten waren gegen sorgfältig hergestellte ausgetauscht worden, aber niemand hatte einen Gedanken daran verschwendet, was für eine »Nummer« sie denn nun vorführen sollten. Und warum? Für wen? Diese Fragen wurden niemals gestellt, weil sich niemand für die Antworten interessierte. Also tuteten die langen Trompeten, die Trommeln dröhnten, und es hatte nicht die geringste Bedeutung.

Die Zuschauer, die gekommen waren, um ein hübsches Stück Folklore zu sehen, waren begeistert. Sie merkten nicht, daß sie hereingelegt worden waren und keineswegs ein Ta'azieh zu sehen bekamen. Es war etwas ganz Mittelmäßiges, ziemlich langweilig, ohne wirkliche Ausstrahlungskraft, und es gab ihnen überhaupt nichts. Das begriffen sie aber nicht, denn es wurde ja als »Kultur« präsentiert, und am Ende lächelten die Funktionäre, und alle folgten ihnen fröhlich zum kalten Buffet.

Die Verbürgerlichung der Aufführung war total, aber am grauenvollsten und »tödlichsten« von allem war dieses Publikum, man mochte gar nicht hinsehen. Dieser eine Abend stand für die ganze Tragödie offizieller kultureller Aktivitäten. Das ist nämlich keineswegs nur ein iranisches Problem, es ist überall dasselbe, wo wohlmeinende Institutionen huldvoll von oben herab eine lokale Kultur zu erhalten versuchen, um sich dann mit dem Rest der Welt daran gütlich zu tun. Doch vor allem wurde dadurch das entscheidendste und am wenigsten beachtete Element des theatralischen Prozesses dramatisch in den Blick gerückt: das Publikum. Denn die Bedeutung des Ta'azieh beginnt nicht mit dem Publikum während der Aufführung, sondern mit der Lebensweise dieses Publikums. Diese Lebensweise ist durchdrungen von einer Religion, die lehrt, daß Allah alles und in allem ist. Und auf dieser Grundlage baut das Alltagsleben auf, dieser religiöse Sinn erfüllt alles. Die täglichen Gebete oder das jährliche Mysterienspiel sind nur zwei verschiedene Formen desselben. Aus dieser wesentlichen Einheit kann ein vollkommen stimmiges und notwendiges Theaterereignis entstehen. Aber erst das Publikum ist der Faktor, der dieses Ereignis lebendig macht. Wie wir selbst sahen, kann es auch Außenseiter in sich aufnehmen, sofern sie zahlenmäßig gering im Verhältnis zu der gesamten Zuschauermenge sind. Als die Natur und die Motivation des Publikums sich änderten, verlor das Stück all seine Bedeutung.

Dasselbe geschah in London beim Indischen Festival mit dem bengalischen Chauu, das ich vorhin erwähnte. In Indien wird es nachts aufgeführt, mit Musik, Geräuschen, merkwürdigen Pfiffen, und die Kinder des Dorfes halten Fackeln, um die Aufführung zu beleuchten. Die ganze Nacht lang ist das Dorf in einem unglaublichen Zustand der Erregung, die Menschen hüpfen umher, es gibt eine großartige akrobatische Sequenz, wo sie über die kreischenden Kinder hinwegspringen und so weiter. Diesmal aber trat die Chauu-Truppe im Riverside Theatre auf, einem guten Theaterraum, aber es war Teatime, und das Publikum bestand aus etwa fünfzig älteren Damen und Herren, Abonnenten anglo-indischer Zeitschriften, die sich für Asien interessierten. Sie schauten sich höflich die Aufführung an, die gerade via Kalkutta in London eingetroffen war. Obgleich es in diesem Fall kein Aufpeppen, keinen Regisseur gegeben hatte und die Schauspieler exakt dasselbe taten wie in ihrem Dorf, war der Geist nicht mehr da, nichts war übrig als eine Schau, eine Schau, bei der es nichts zu schauen gab.

Damit komme ich zu einer Entscheidung, die nie endgültig zu treffen ist. Wenn man die Zuschauer im Innern berühren und mit ihrer Hilfe eine neue Welt erschließen will, die mit ihrer eigenen verbunden und reicher, größer, geheimnisvoller ist als die Welt des Alltags, so gibt es zwei Methoden.

Die erste besteht in der Suche nach Schönheit. Ein großer Teil des asiatischen Theaters basiert auf diesem Prinzip. Um die Phantasie zum Erstaunen zu bringen, sucht man bei jedem Element nach der größtmöglichen Schönheit. Nehmen wir als Beispiel das japanische Kabuki oder das indische Kathakali: die Sorgfalt der Maskenbildner, die Perfektion bis ins kleinste Requisit hat Gründe, die über reinen Ästhetizismus hinausgehen. Es ist, als versuchte man sich über die Reinheit jedes Details dem Heiligen zu nähern. Bühnenbild, Musik und Kostüme reflektieren in jeder Einzelheit eine andere Ebene des Daseins. Die kleinste Geste wird sorgfältig durchgearbeitet, um das Banale und Ordinäre daraus zu verbannen.

Die zweite Methode, der ersten diametral entgegengesetzt, stützt sich auf die außergewöhnliche Fähigkeit des Schauspielers, eine Verbindung zwischen seiner eigenen und der Phantasie des Publikums zu schaffen, wodurch er ein banales Objekt in ein magisches verwandeln kann. Eine große Schauspielerin kann einen glauben machen, die häßliche Wasserflasche aus Plastik, die sie auf ganz bestimmte Weise im Arm hält, sei ein wunderschönes Kind. Es bedarf einer erstklassigen Schauspielerin, damit die Alchimie gelingt, wodurch ein Teil des Gehirns eine Flasche sieht und der andere, ohne Widerspruch, ohne Spannung, sondern voller Freude, das Baby, die Mutter mit dem Kind und die heilige Natur ihrer Beziehung. Diese Alchimie ist möglich, wenn das Objekt so neutral und alltäglich ist, daß es das Bild widerspiegeln kann, das der Schauspieler mit ihm verknüpft. Man könnte es ein »leeres Objekt« nennen.

Über die Jahre hat unsere Gruppe am *International Centre* in Paris für unterschiedliche Themen die jeweils günstigsten Aufführungsbedingungen untersucht. Als wir Jarrys anarchisch-satirische Farce *König Ubu* spielten, entstand die geeignete Form, auch in unserem Pariser Theater, aus wilder Energie und freien Improvisationen. Wir organisierten eine Tournee durch Frankreich und suchten uns die »unmagischsten« Räume, so daß wir am Ende in einer Reihe von Schulaulen, Turnhallen, Sportanlagen spielten, von denen eine häßlicher und abweisender war als die andere. Die Schauspieler hatten die spannende Aufgabe, diese wenig einladenden Räume vorübergehend zu verwandeln und vor Leben leuchten zu lassen, der Schlüssel zu dieser Arbeit lautete also »Derbheit« – mit beiden Händen ins Grobe packen. Das paßte zu diesem einen besonderen Projekt, ist aber natürlich nicht auf alle Stücke bzw. alle Bedingungen übertragbar. Wenn eine solche Verwandlung allerdings gelingt, wird der nicht-puristische Ansatz zum größten Glanz des Theaters; daneben würde eine fromme Suche nach der Reinheit jammervoll naiv aussehen.

Die wahren Fragen führen oft ins Paradox und sind unmöglich zu beantworten. Ein Gleichgewicht ist zu finden zwischen der Suche nach der Reinheit und dem Erlangen von Reinheit durch die Berührung mit dem ›Unreinen‹. Dabei wird deutlich, daß ein idealistisches Theater unmöglich existieren kann, solange es versucht, sich von der Derbheit dieser Welt fernzuhalten. Das Reine kann im Theater nur durch etwas ausgedrückt werden, das von seinem Wesen her ›unrein‹ ist. Wir dürfen nicht vergessen, daß Theater von Menschen erdacht und gemacht wird, und zwar mit dem einzigen Instrument, das sie haben: mit ihrem menschlichen Wesen. Deshalb ist die Form des Theaters schon von Natur aus eine Mischung, wo reine und unreine Elemente aufeinandertreffen können. Diese geheimnisvolle Vermählung verleiht dem Erlebnis, den privaten und den mythischen Menschen zusammen und zeitgleich wahrzunehmen, seine Wahrheit.

In »*Der leere Raum*« habe ich geschrieben, daß eine Form, kaum geschaffen, schon zum Sterben verurteilt ist. Was dies bedeutet, ist schwer zu erklären, deshalb werde ich versuchen, konkrete Beispiele zu geben.
Als ich 1968 unseren japanischen Schauspieler Yoshi Oida kennenlernte, sagte er zu mir: »Ich bin in Japan im Nô-Theater ausgebildet worden, ich hatte einen Nô-Meister. Ich habe im Bunraku und im Nô gearbeitet, aber ich habe das Gefühl, diese großartigen Theaterformen stehen nicht wirklich in Berührung mit dem Leben von heute. Wenn ich in Japan bleibe, werde ich keine Lösung für dieses Problem finden. Ich empfinde tiefen Respekt vor allem, was ich gelernt habe, aber zugleich führt mich meine Suche woandershin. Ich bin nach Europa gekommen in der Hoffnung, einen Weg zu finden, um aus dieser Form auszubrechen, die uns bei aller Großartigkeit heute nicht mehr genug sagt. Es muß eine andere Form geben.«
Er war so von seiner Schlußfolgerung überzeugt, daß

sie seine gesamte Lebensweise veränderte: Eine großartige Form ist nicht unbedingt mehr das geeignete Vehikel, um eine lebendige Erfahrung zu übermitteln, wenn sich der historische Kontext ändert.

Das zweite Beispiel stammt aus der Arbeit an der *Konferenz der Vögel*. Ich habe Masken nie gemocht, für mich haben sie von Natur aus etwas Tödliches. Für dieses Stück erschien es jedoch interessant, sich noch einmal damit auseinanderzusetzen, und wir stießen auf die balinesischen Masken, deren Züge dem Menschen sehr ähnlich sind und wundersamerweise trotzdem frei von den morbiden Assoziationen einer Totenmaske. Wir baten Tapa Sudana, einen Schauspieler aus Bali, mit uns zu arbeiten. Am ersten Tag zeigte er jedem, wie man mit der Maske spielt, wie jeder Figur eine ganz präzise Reihe von Bewegungen zur Verfügung steht, die von ihrer Maske vorgegeben und inzwischen traditionell festgeschrieben sind. Die Schauspieler sahen interessiert und respektvoll zu, erkannten aber bald, daß keiner von ihnen das fertigbringen würde, was Tapa uns zeigte. Er benutzte die Maske nach der balinesischen Tradition, dahinter standen tausend Jahre Ritual. Es wäre lächerlich gewesen, wenn wir versucht hätten, etwas zu sein, was wir nicht waren. Schließlich fragten wir ihn, welche Möglichkeiten es denn für uns gebe.

»Für die Balinesen ist der wirklich entscheidende

Augenblick das Aufsetzen der Maske«, sagte er. Das war kein stilistischer Hinweis mehr, sondern ein ganz fundamentaler. »Wir nehmen die Maske und schauen sie lange an, bis wir ihr Gesicht so intensiv fühlen, daß wir mit ihm atmen können. Erst dann setzen wir sie auf.« Von diesem Augenblick an versuchte jeder von uns, seine eigene Beziehung zu seiner Maske zu finden, durch Beobachten und Erfühlen ihres Wesens, und es war eine überraschende Erfahrung, als wir feststellten, daß es außerhalb der kodierten Gesten der balinesischen Tradition tausend Formen, tausend neue Bewegungen gab, die zu dem Leben der Maske paßten. Dies lag plötzlich in Reichweite eines jeden, denn es kam ohne die in der Tradition erstarrten Codes aus. Mit anderen Worten, wir hatten die Form aufgebrochen, und eine neue war spontan und organisch wie Phönix aus der Asche emporgestiegen.

Mein drittes Beispiel ist die erste Darbietung, die ich je vom Kathakali-Tanz gesehen habe, in einer Schauspielschule in Kalifornien. Der Abend war zweigeteilt. Im ersten Teil war der Tänzer geschminkt und trug ein Kostüm und zeigte einen traditionellen Kathakali-Tanz unter den Bedingungen einer echten Aufführung, mit Musik vom Band undsoweiter. Es war wunderschön und sehr exotisch. Als wir nach der Pause zurückkamen, hatte der Schauspieler sich abgeschminkt. Er trug Jeans und ein Hemd und fing an, Erläuterungen zu geben. Um diese lebendiger zu machen, demonstrierte er etliches, spielte die Figuren, jedoch ohne sich an die exakten traditionellen Gesten zu halten. Plötzlich war die neue, einfachere, menschlichere Form unendlich viel aufschlußreicher als die traditionelle.

Im allgemeinen können wir daraus schließen, daß »Tradition«, so wie wir das Wort benutzen, gleichbedeutend ist mit »Erstarrung«. Es handelt sich um erstarrte, mehr oder weniger überlebte Formen, die durch einen Automatismus reproduziert worden sind. Es gibt wenige Ausnahmen, etwa wenn die Qualität der alten Form so außergewöhnlich ist, daß sie bis heute voller Leben steckt, ganz so wie manche alte Menschen unglaublich lebendig und anrührend geblieben sind. Form an sich aber ist tödlich. Es gibt keine Form, angefangen bei uns selbst, die nicht dem fundamentalen Gesetz des Universums unterliegt: der Vergänglichkeit. Jede Religion, jede Einsicht, jede Tradition, jede Weisheit akzeptiert Geburt und Tod.

Geburt ist eine Formgebung, ob man von einem menschlichen Wesen spricht, einem Satz, einem Wort oder einer Geste. Die Inder nennen das *sphota*. Dieser alte hinduistische Begriff ist großartig, weil seine tatsächliche Bedeutung schon im Klang des

Wortes mitschwingt. Zwischen dem Nichtmanifesten und dem Manifesten besteht ein Fluß formloser Energien, und in bestimmten Augenblicken gibt es eigenartige Explosionen, die diesem Wort entsprechen: »*Sphota!*« Diese Form kann man als »Inkarnation« bezeichnen. Manche Insekten überdauern nur einen Tag, manche Tiere mehrere Jahre, Menschen leben länger und Elefanten noch länger als wir. Diese unterschiedlichen Zyklen gibt es, und mit einem Gedanken oder einer Erinnerung ist es dasselbe.

In jedem von uns existiert eine Erinnerung, die einer Form entspricht. Manche Formen der Erinnerung, etwa »Wo habe ich mein Auto geparkt?«, halten kaum einen Tag lang. Man geht und schaut sich ein idiotisches Stück an oder einen Film, und am nächsten Tag kann man sich schon nicht mehr daran erinnern, worum es überhaupt ging. Zugleich gibt es andere Formen, die viel länger leben.

Wenn man sich ein Stück vornimmt, hat es ganz unvermeidlich zu Anfang noch keine Form, es besteht nur aus Wörtern auf Papier, aus Gedanken. Die Aufführung stellt die Ausgestaltung der Form dar. Unsere Arbeit ist die Suche nach der richtigen Form. Wenn diese Arbeit gelingt, kann das Ergebnis vielleicht ein paar Jahre Bestand haben, länger nicht. Als wir unsere Version von *Carmen* erarbeiteten, gaben wir ihr eine völlig neue Form, die vier oder fünf Jahre lang hielt, bevor wir spürten, daß sie ihre Grenze erreicht hatte. Die Energie der Form hatte sich verbraucht: ihre Zeit war einfach vorüber.

Deshalb darf man die virtuelle nicht mit der verwirklichten Form verwechseln. Die verwirklichte Form ist die Aufführung. Sie bezieht ihre äußere Gestalt aus all den Elementen, die an ihrem Entstehen beteiligt sind. Wenn heute in Paris, Bukarest oder Bagdad dasselbe Stück auf dem Spielplan steht, ist seine Form natürlich ganz unterschiedlich. Der Spielort, das soziale und politische Klima, die vorherrschende Denkart und Kultur, sie prägen allesamt den Brückenschlag zwischen Thema und Publikum – das, was die Menschen erreicht.

Manchmal werde ich gefragt, welcher Bezug zwischen dem *Sturm*, den ich 1957 in Stratford inszeniert habe, und meiner Produktion von 1989 in den Bouffes du Nord bestehe. Diese Frage ist vollkommen absurd! Wie soll es denn die geringste formale Ähnlichkeit geben zwischen einer Inszenierung, die zu einer anderen Zeit, in einem anderen Land, mit lauter Schauspielern derselben Rasse entstand, und der Version von heute, über dreißig Jahre später, erarbeitet in Paris mit einer internationalen Truppe, darunter zwei Japaner, ein Iraner, Afrikaner..., die ihre unterschiedlichen Interpretationen an den Text herantragen und viele gemeinsame Erfahrungen durchlebt haben.

Die Form muß nicht vom Regisseur allein erfunden werden, sie ist das *sphota* einer bestimmten Mischung. Dieses *sphota* gleicht einer wachsenden Pflanze, die sich öffnet, ihre Zeitspanne erlebt, dann verwelkt und einer anderen Pflanze Platz macht. Ich betone das bewußt, weil es ein großes Mißverständnis gibt, das häufig die Theaterarbeit blockiert: Oft glaubt man, das, was der Autor oder Komponist eines Stücks oder einer Oper ursprünglich zu Papier gebracht hat, sei eine heilige Form. Dabei wird vergessen, daß der Autor, wenn er Dialoge schreibt, verborgene Regungen ausdrückt, die tief in der menschlichen Natur liegen, und wenn er Szenenanweisungen schreibt, beziehen sich seine Vorschläge auf den Stand der Theatertechnik seiner Zeit. Man muß auch hier zwischen den Zeilen lesen. Wenn Tschechow einen Innen- oder Außenraum in allen Einzelheiten beschreibt, meint er damit eigentlich: »Ich will, daß es echt aussieht.« Nach seinem Tod entstand eine neue Form des Theaters – die offene Arenabühne –, die Tschechow noch nicht kannte. Seither haben viele Produktionen gezeigt, daß dreidimensionale, kinematische Beziehungen der Schauspieler mit minimalen Requisiten und Möbelstücken auf einer Bühne unendlich viel echter wirken – im Tschechowschen

Sinne – als die vollgestopften Szenarien der Guckkastenbühne.

An dieser Stelle berühren wir auch ein großes Mißverständnis im Zusammenhang mit Shakespeare. Vor vielen Jahren wurde immer verlangt, man solle »das Stück so spielen, wie Shakespeare es geschrieben hat«. Heute wird größtenteils anerkannt, wie absurd dies ist; kein Mensch weiß, was für eine szenische Form er im Sinn hatte. Man weiß eigentlich nur eines: Er schrieb eine Folge von Wörtern, die in sich die Möglichkeit tragen, Formen hervorzubringen, die ständig erneuert werden. Den virtuellen Formen in einem großen Text sind keine Grenzen gesetzt. Ein mittelmäßiger Text bringt vielleicht nur wenige Formen hervor, während ein großer Text, ein großes musikalisches Werk, eine große Opernpartitur echte Energiebündel sind. Wie die Elektrizität, wie alle Energiequellen hat die Energie selbst keine Form, aber eine Richtung, eine Kraft.

Jeder Text hat eine Struktur, aber kein echter Dichter denkt a priori über diese Struktur nach. Zwar hat er einige ihrer Gesetze verinnerlicht, aber es ist ein starker Impuls, der ihn dazu treibt, bestimmte Bedeutungen zum Leben zu erwecken. Im Versuch, diese Elemente hervorzubringen, stößt er mit jenen Gesetzen zusammen, und der Text gerinnt zu einer Struktur aus Worten. Einmal gedruckt, ist das Buch seine Form. Wenn wir von einem Lyriker oder Romancier sprechen, genügt dies. Doch beim Theater ist das erst die halbe Wegstrecke. Was geschrieben und gedruckt wird, hat noch keine dramatische Form. Wenn wir uns sagen: »Diese Worte müssen in einer bestimmten Art gesprochen werden, einen bestimmten Ton oder Rhythmus haben…«, dann werden wir uns leider – oder vielleicht zum Glück – immer irren. Das führt nämlich zu alldem, was an der Tradition im schlimmsten Sinne des Wortes so gräßlich ist. Eine unendliche Menge unerwarteter Formen kann aus denselben Elementen erwachsen, und die menschliche Tendenz, sich dem Unerwarteten zu verweigern, führt stets zur Verkleinerung eines potentiellen Universums.

Jetzt sind wir beim Kern des Problems. Nichts existiert im Leben ohne Form: In jedem Augenblick, vor allem beim Sprechen, sind wir gezwungen, eine Form zu suchen. Aber es muß einem klar sein, daß diese Form auch das größte Hindernis für das Leben sein kann, das an sich formlos ist. Dieser Schwierigkeit kann man nicht entrinnen, und der Kampf endet nie: Die Form ist notwendig, aber sie ist nicht alles.

Angesichts dieser Schwierigkeit hat es keinen Sinn, eine puristische Haltung einzunehmen und darauf zu warten, daß die perfekte Form vom Himmel fällt, denn dann würde man nie irgend etwas tun. Diese

Haltung wäre einfach dumm. Wir stehen von neuem vor der Frage nach der reinen oder ›unreinen‹ Form. Die reine Form ist nicht vom Himmel gesandt. Etwas in eine Form zu bringen ist immer ein Kompromiß, den man akzeptieren muß, während man sich gleichzeitig sagt: »Das ist nur vorübergehend, es muß sich erneuern.« Hier geht es um eine Dynamik, die niemals endet.

Als wir anfingen, an *Carmen* zu arbeiten, waren wir uns zunächst nur in einem Punkt einig: Bizet hätte ihr heute nicht notwendig dieselbe Form gegeben wie damals. Wir hatten den Eindruck, Bizet müsse es ungefähr so gegangen sein wie heutzutage einem Drehbuchautor in Hollywood, der von einem großen Filmstudio angeheuert wird, um einen epischen Film aus einer wunderschönen Story zu machen. Der Drehbuchschreiber kennt die Spielregeln und akzeptiert, daß er die Kriterien des kommerziellen Films mit in Betracht ziehen muß, woran ihn sein Produzent auch jeden Tag aufs neue erinnert. Wir spürten, daß Bizet die Lektüre von Mérimées Erzählung tief berührt hatte, eine äußerst karge Novelle mit einem strengen, unverschnörkelten Stil ohne Komplikationen und Künstlichkeiten, das genaue Gegenteil der Schreibweise eines barocken Autors. Sie ist sehr schlicht und sehr kurz. Obgleich er von dieser Novelle ausging, mußte Bizet eine Oper für seine Zeit komponieren, für ein bestimmtes Theater, die Opéra Comique, wo es wie heute in Hollywood bestimmte Konventionen gab, die zu beachten waren, etwa farbenfrohe Szenerien, Chöre, Tänze und Prozessionen. Wir stimmten darin überein, daß *Carmen*-Inszenierungen oft sterbenslangweilig sind, und versuchten, die Art dieser Langeweile und ihre Ursachen herauszufinden. Wir kamen zu dem Schluß, daß es zum Beispiel zutiefst langweilig ist, wenn eine Bühne urplötzlich von achtzig Leuten gestürmt wird, die etwas singen und dann ebenso unmotiviert wieder abgehen. Also fragten wir uns, ob ein Chor eigentlich wirklich nötig ist, um Mérimées Geschichte zu erzählen.

Dann gestanden wir uns, ketzerisch, daß die Musik nicht durchgehend dieselbe Qualität hat. Eher außergewöhnlich ist sie immer dann, wenn sie die Beziehungen zwischen den Protagonisten ausdrückt, und uns wurde mit einem Schlag klar, daß Bizets tiefste Gefühle und sein geschärfter Sinn für emotionale Wahrheit in diese musikalischen Passagen eingeflossen waren. Also entschlossen wir uns zu dem Versuch, aus der kompletten, vier Stunden langen Partitur etwas herauszudestillieren, das wir bewußt *Die Tragödie der Carmen* nannten – ein Querverweis auf die griechische Tragödie und ihre konzentrierten Wechselbeziehungen zwischen wenigen

Protagonisten. Mit anderen Worten, wir nahmen allen Zierat heraus, um die starken, tragischen Beziehungen zu bewahren. Wir empfanden, daß dies auch die besten musikalischen Passagen waren, die man nur in einer intimeren Atmosphäre wirklich genießen konnte. Wenn eine Oper in einem großen Theater aufgeführt wird, im großen Maßstab, dann mag sie lebendig und schwungvoll sein, aber nicht notwendig von hoher Qualität. Wir suchten nach der Musik, die leise, leicht, ohne Exzeß und Exhibitionismus, ohne große Virtuosität gesungen werden kann. Mit diesem Streben nach Intimität suchten wir im Grunde nach Qualität.

Zuvor habe ich die Langeweile meine wichtigste Verbündete genannt. Nun möchte ich Ihnen einen Rat geben: Wenn Sie ins Theater gehen und sich langweilen, verbergen Sie es nicht. Denken Sie nicht, die Schuld läge bei Ihnen, Sie hätten etwas falsch gemacht. Lassen Sie sich nicht von der wunderschönen Idee von »Kultur« mundtot machen. Stellen Sie sich lieber folgende Frage: »Wo fehlt etwas, in mir oder in der Aufführung?« Sie haben das Recht, jene heimtückische, heutzutage allgemein anerkannte Auffassung in Frage zu stellen, »Kultur« sei automatisch etwas »Höheres«. Natürlich ist Kultur etwas sehr Wichtiges, aber ein schwammiges Bild von Kultur, das nicht überprüft und erneuert wird, dient nur zur Einschüchterung, damit sich die Leute nicht beschweren, auch wenn sie allen Grund dazu haben.

Noch schlimmer ist, daß Kultur allmählich betrachtet wird wie ein schickes Auto oder der »beste« Tisch in einem guten Restaurant, nämlich als äußeres Zeichen des sozialen Erfolgs. Dies ist auch das Konzept, welches dem »Firmensponsoring« zugrunde liegt. Das gesamte Prinzip ist jämmerlich. Die einzige echte Motivation für den Sponsor eines Theaterprojekts besteht darin, ein ›Ereignis‹ zu haben, wohin er seine Kunden schicken kann. Das hat seine eigene Logik, und daraus folgt, daß die Produktion der Vorstellung entsprechen soll, die er von Kultur hat: möglichst viel Prestige und beruhigende Langeweile.

Das Almeida, ein kleines Londoner Theater mit sehr gutem Ruf, wollte unsere *Tragödie der Carmen* als Gastspiel einladen. Die Theaterleitung hatte wegen finanzieller Unterstützung bei einer großen Bank angefragt, die hocherfreut war und einsteigen wollte. »*Carmen* – eine hervorragende Idee!« Als alle Reisevorbereitungen getroffen waren, bekam der Theaterleiter einen Anruf von der Abteilung für Kultursponsoring der Bank: »Ich habe gerade Ihr Informationsmaterial bekommen, eigenartig... Ihr Theater liegt gar nicht im Zentrum? Etwas außerhalb? Und *Carmen* soll von vier Sängern und zwei

Schauspielern aufgeführt werden? Das Orchester hat nur vierzehn Musiker? Und der Chor? Was, es gibt keinen Chor!?! Was glauben Sie denn, mit wem Sie es zu tun haben? Denken Sie, unsere Bank würde ihre besten Kunden in die Vorstadt schicken, um sich *Carmen* ohne Chor und mit reduziertem Orchester anzusehen?« Und der Mann legte auf. Aus dem Londoner Gastspiel wurde nichts.

Deshalb betone ich den Unterschied zwischen einer lebendigen Kultur und jener anderen, äußerst gefährlichen Seite der Kultur, die sich allmählich in der modernen Welt durchsetzt, vor allem seit diese Art Beziehung zwischen Produktion und Sponsor immer häufiger wird. Das bedeutet nicht, daß wir keine Sponsoren brauchen. Wenn überall auf der Welt öffentliche Subventionen gekürzt werden, stellt das Sponsoring die einzige Alternative dar; das Theater kann nicht dynamisch und experimentierfreudig bleiben, wenn es ausschließlich von den Kasseneinnahmen abhängig ist. Doch es bedarf aufgeklärter Mäzene. Zum Glück sind wir in unserer Arbeit mehrfach bewundernswert unterstützt worden, daher wissen wir, es gibt sie. Man muß nur Glück haben: Aufgeklärtes Bewußtsein kann man nicht lehren, aber immer wenn es sich zeigt, muß man es ermutigen.

Da Gerissenheit zum Geschäft von Geschäftsleuten gehört, muß man bereit sein, sie mit ihren eigenen

Waffen zu schlagen. Als ich vor Jahren *König Lear* für das amerikanische Fernsehen inszenierte, gab es vier Sponsoren; das bedeutete vier Werbeblocks. Ich machte ihnen klar, daß es viel werbewirksamer sein würde, wenn sie freiwillig darauf verzichteten, Shakespeare zu unterbrechen. Und tatsächlich, damals war das noch so überraschend, daß sogar Leitartikel geschrieben wurden, um ihre noble Haltung zu loben. Dieser Trick zog natürlich nur einmal. Man muß sich jedesmal etwas Neues ausdenken.

Ich werde häufig gefragt, was mit den zwei Theatern in *Der leere Raum*, dem »heiligen« und dem »derben« Theater, gemeint sei, die sich in der sogenannten »unmittelbaren« Form treffen. Was das »heilige Theater« anbelangt, so ist vor allem die Erkenntnis wesentlich, daß eine unsichtbare Welt existiert, die sichtbar werden muß. Es gibt verschiedene Ebenen von Unsichtbarkeit. Im zwanzigsten Jahrhundert kennen wir nur zu gut die psychologische Ebene, jenen dunklen Bereich zwischen dem Ausgedrückten und dem Verheimlichten. Fast immer betrachtet das zeitgenössische Theater die große freudianische Unterwelt, wo sich hinter Gesten und Worten die unsichtbare Zone von Ich, Über-Ich und Unbewußtem finden läßt. Diese Ebene psychologischer Unsichtbarkeit hat absolut nichts mit heiligem Theater zu tun.

»Heiliges Theater« besagt, daß es noch etwas anderes im Dasein gibt, darunter, darum herum und darüber, eine andere, noch unsichtbarere Zone, weiter entfernt von den Formen, die wir entziffern und registrieren können, und voll äußerst machtvoller Energiequellen.

Aus diesen kaum erschlossenen Energiefeldern erwachsen Impulse zur »Qualität« hin. Jeder menschliche Impuls, der uns zu dem führt, was wir ungenau und ungeschickt »Qualität« nennen, entspringt einer Quelle, deren wahres Wesen wir gar nicht kennen, die wir aber durchaus erkennen können, wenn sie in uns oder in jemand anderem erscheint. Nicht lautstark macht sie sich bemerkbar, sondern durch Stille. Da man Wörter benutzen muß, nennt man sie eben »heilig«. Die einzig interessante Frage ist nun folgende: Ist das Heilige eine Form? Der Niedergang, die Dekadenz der Religionen rührt daher, daß man eine Strömung oder ein Licht, die beide keine Form haben, mit Zeremonien, Ritualen oder Dogmen verwechselt, allesamt Formen, die ihre Bedeutung sehr rasch verlieren können. Bestimmte Formen, ein paar Jahre lang hervorragend für bestimmte Menschen geeignet – oder für eine ganze Gesellschaft über ein Jahrhundert hinweg –, leben heute immer noch mit uns und werden voll Ehrfurcht verteidigt. Doch was ist das für eine Ehrfurcht?

In Tausenden von Jahren hat der Mensch erkannt, daß es nichts Schlimmeres gibt als Götzenanbetung, weil ein Götze nichts ist als ein Stück Holz. Entweder ist das Heilige immer da, oder es existiert nicht. Es ist albern zu glauben, das Heilige sei auf dem Gipfel eines Berges zu finden, aber nicht im Tal, oder am Sonntag oder Sabbat, aber nicht an den anderen Wochentagen.

Das Problem ist nun, daß das Unsichtbare sich keineswegs zeigen oder äußern *muß* – aber es kann durchaus dazu kommen, ganz gleich wo und wann und durch wen, sofern die Bedingungen stimmen. Ich glaube nicht daran, daß es einen Sinn hat, heilige Rituale der Vergangenheit, die uns wohl kaum dem Unsichtbaren näherbringen werden, ständig zu wiederholen. Das einzige, was uns dabei helfen kann, ist eine Bewußtheit der Gegenwart gegenüber. Wenn der gegenwärtige Augenblick in besonders intensiver Weise empfunden wird und die Bedingungen günstig sind für ein *sphota*, kann der flüchtige Funke des Lebens in dem richtigen Klang, der richtigen Bewegung, dem richtigen Blick, dem richtigen Austausch aufblitzen. So kann sich das Unsichtbare in tausend völlig unerwarteten Formen zeigen. Die Suche nach dem Heiligen ist tatsächlich ein Suchen.

Das Unsichtbare kann sich in den alltäglichsten Gegenständen manifestieren. Die Wasserflasche aus

Plastik oder das Stück Stoff, die ich vorhin erwähnte, können vom Unsichtbaren verwandelt oder durchdrungen werden, sofern der Schauspieler sich in einem empfänglichen Zustand befindet und sein Talent verfeinert genug ist. Ein großer indischer Tänzer kann das niedrigste Objekt in etwas Heiliges verwandeln.

Das Heilige stellt, was Qualität betrifft, die Verwandlung von etwas ursprünglich nicht Heiligem dar. Theater basiert auf Beziehungen zwischen Menschen, die, da sie menschlich sind, per Definition nicht heilig sein können. Das Leben eines menschlichen Wesens ist das Sichtbare, durch welches das Unsichtbare erscheinen kann.

Das »derbe Theater«, volksnahes Theater, ist etwas anderes. Darin werden alle Arten »verfügbarer Mittel« zelebriert, und es bringt die Zerstörung von allem, was mit Ästhetik zu tun hat, mit sich. Das bedeutet nicht, daß keine Schönheit darin ist, aber die »derben« Theaterleute sagen: »Wir bekommen keine Unterstützung von außen, wir haben nicht einen Pfennig, kein Handwerk, keine ästhetische Ausbildung, wir können uns weder schöne Kostüme leisten noch ein Bühnenbild, wir haben keine Bühne, wir haben nichts anderes als unsere Körper, unsere Phantasie und die erreichbaren Mittel.«

Als ich mit der Gruppe vom *International Centre* auf

Reisen war und wir mit der *Teppich-Show* arbeiteten, von der ich vorhin erzählt habe, geschah das genau mit solchen verfügbaren Mitteln. In vielen Ländern war es interessant zu bemerken, daß wir damit in derselben Tradition standen wie die Volkstheatergruppen, denen wir unterwegs begegneten; denn nach Tradition suchten wir ja gar nicht. An den unterschiedlichsten Orten stellte sich heraus, daß die Eskimos, die Balinesen, die Koreaner und wir selbst genau dasselbe machten. Ich lernte eine wunderbare Theatertruppe in Indien kennen, ein Dorftheater mit lauter hochtalentierten und einfallsreichen Leuten. Wenn sie hier und heute ein Stück aufführen sollten, würden sie sofort die Kissen benutzen, auf denen Sie sitzen, diese Flasche, dieses Glas, diese beiden Bücher hier… Denn das sind die verfügbaren Mittel. Dies ist die Essenz des »derben Theaters«.

In *Der leere Raum* habe ich schließlich das »unmittelbare Theater« behandelt. Damit wollte ich bewußt die vorausgehenden Kapitel relativieren. Man darf nichts, was in dem Buch steht, als Dogma nehmen oder als endgültige Klassifizierung, alles unterliegt Zufall und Wandel. Mit »unmittelbarem Theater« ist nun gemeint, daß hier und jetzt die geeignetsten Mittel zu finden sind, um ein Thema, ganz gleich welches, zum Leben zu erwecken. Keine Frage, daß dazu ein ständiges Forschen nötig ist, von Fall zu Fall, abhängig von den Notwendigkeiten. Sobald man das begriffen hat, zerplatzen alle Fragen von Stil und Konvention, denn sie sind bloße Beschränkungen, und man steht vor einem außergewöhnlichen Reichtum, weil alles möglich ist. Die Mittel des heiligen Theaters sind genauso verfügbar wie die Mittel des derben Theaters. Unmittelbares Theater läßt sich also beschreiben als das »Theater alles Notwendigen«, will sagen, ein Theater, in dem die reinsten und unreinsten Elemente ihre Daseinsberechtigung und ihren Platz finden können. Vorbild ist, wie immer, Shakespeare.

Wir berühren hier erneut den Konflikt zwischen zwei Notwendigkeiten: Einerseits muß man absolut frei im Herangehen sein und die Tatsache anerkennen, daß »alles möglich« ist, und andererseits gilt es, mit Strenge und Disziplin darauf zu pochen, daß »alles« nicht gleichbedeutend ist mit »irgendwas«.

Wie findet man seine Position zwischen »Alles ist möglich« und »Das Beliebige ist zu vermeiden«? Disziplin als solche kann sowohl negativ als auch positiv sein. Sie kann alle Türen verschließen, Freiheit verhindern oder im Gegenteil für die Strenge sorgen, die unabdingbar ist, um sich aus dem Sumpf des »Irgendwas« zu befreien. Deshalb gibt es keine Patentrezepte. Es kann langweilig werden, wenn man zu lange in der Tiefe bleibt. Wer zu lange an der Oberfläche treibt, wird schnell banal. Und zu lange auf den Höhen zu schweben, ist womöglich nicht auszuhalten. Wir müssen uns immer bewegen.

Die ewige große Frage lautet: »Wie soll man leben?« Doch große Fragen bleiben völlig weltfremd und theoretisch, wenn es keine konkrete Basis für ihre praktische Anwendung gibt. Wunderbarerweise stellt das Theater genau den Punkt dar, wo die großen Fragen der Menschheit – Leben und Tod – auf die handwerkliche Dimension treffen, die ganz praktisch gelagert ist, wie beim Töpfern. In den großen traditionellen Kulturen ist der Töpfer ein Mensch, der gleichzeitig versucht, mit den ewigen großen Fragen zu leben und seinen Topf herzustellen. Diese doppelte Dimension ist auch im Theater möglich; mehr noch, sie verleiht ihm erst seinen Wert.

Angenommen, wir bereiten eine Produktion vor und beginnen, über den Spielort nachzudenken. Die schlichte Grundfrage ist ganz praktisch: »Ist er gut oder nicht? Erfüllt er eine Funktion? Funktioniert das auch?« Wenn man einen leeren Raum als Ausgangspunkt nimmt, dann ist Effizienz das einzige Kriterium. Ist der leere Raum unzureichend? Wenn die Antwort ja lautet, überlegt man als nächstes, welche Elemente unverzichtbar sind. Grundlage des Schuhmacherhandwerks ist es, Schuhe herzustellen, die nicht drücken; Grundlage des Theaterhandwerks ist es, ausgehend von sehr konkreten Elementen mit dem Publikum eine Beziehung herzustellen, die funktioniert.

Versuchen wir einmal, uns dieser Frage auf eine andere Weise zu nähern, über die Ebene der Improvisation. Seit längerem ist dieses Wort in aller Munde, es ist eins der Klischees unserer Zeit, überall »improvisieren« sie. Hierzu ist zu bemerken, daß dieses Wort Millionen von Möglichkeiten abdeckt, gute wie schlechte.

Seien Sie aber auch darauf gefaßt, daß in bestimmten Fällen sogar »so irgendwie« gut sein kann! Am ersten Probentag ist es regelrecht unmöglich, etwas Dummes zu erfinden – ich meine, etwas wirklich Dummes –, denn selbst die fadenscheinigste Idee kann nützlich sein, wenn sie die Mitspieler in Schwung bringt und aktiviert. Ich sage beispielsweise das erste, was mir in den Kopf kommt: »Stehen Sie auf, nehmen Sie die Kissen, auf denen Sie sitzen, und wechseln Sie schnell Ihre Plätze!«

Das ist ganz einfach, es macht Spaß und ist besser, als nervös auf einem Stuhl herumzusitzen, also folgt jeder diesem kindischen Vorschlag begeistert. Dann kann ich ihn weiterentwickeln: »Das Ganze von vorne, viel schneller, aber ohne zusammenzustoßen, ohne zu sprechen... ganz ruhig... und nun bilden Sie einen Kreis!«

Sie sehen, man kann alles mögliche erfinden. Ich habe das erste gesagt, was mir einfiel. Ich habe mich nicht gefragt: »Ist das dumm, sehr dumm oder zu dumm?« Ich habe in dem Augenblick, als mir die Idee kam, nicht das geringste Urteil darüber gefällt. So wird die Atmosphäre sehr schnell entspannter, und wir haben uns gegenseitig besser kennengelernt. Nun sind wir bereit, zu etwas anderem überzugehen. In diesem Sinne sind manche Übungen nützlich – wie Spiele, einfach weil sie entspannen. Aber sie nutzen sich sehr schnell ab, und ein intelligenter Schauspieler wird sich bald nicht mehr wie ein Kind behandeln lassen. Der Regisseur muß ihm also einen Schritt voraus sein und kann nicht länger aufs Geratewohl agieren. Jetzt muß er Vorschläge machen, die wirkliche Herausforderungen enthalten und die Arbeit weiterbringen, etwa Übungen, bei denen der Schauspieler mit den trägsten Teilen seines Organismus kämpfen muß oder mit jenen Bereichen seiner Gefühlswelt, die mit den Themen des Stücks zusammenhängen, die zu erforschen er jedoch Angst hat. Warum also improvisieren? Zuerst ist eine Atmosphäre zu schaffen, eine Beziehung untereinander, damit sich jeder wohlfühlt, damit jeder einzelne aufstehen und sich hinsetzen kann, ohne daß es zu einer Qual wird. Da sich Angst gar nicht vermeiden läßt, ist das Aufbauen von Vertrauen am vordringlichsten. Und da heutzutage die Menschen am meisten Angst vor dem Sprechen haben, sollte man weder mit Worten noch mit Gedanken beginnen, sondern mit dem Körper. Ein freier Körper ist der Ort, wo alles lebt oder stirbt. Das wollen wir sogleich in die Praxis umsetzen. Beginnen wir bei dem Gedanken, daß alles – fast alles –, was unsere Energien zum Fließen bringt, nur nützlich sein kann. Also suchen wir nicht nach irgend etwas Ausgefallenem. Tun wir etwas miteinander, und wenn es uns albern vorkommt, was soll's? Also, stehen Sie auf und bilden Sie einen Kreis! Es liegen Kissen auf der Erde, also nimmt jeder ein Kissen, werfen Sie es hoch und fangen Sie es wieder auf…

Jetzt, wo Sie es versucht haben, merken Sie, Sie können gar nichts falsch machen, und während Sie miteinander lachen, fühlen Sie sich schon ein bißchen besser. Aber wenn wir einfach weiter sinnlos Kissen in die Luft werfen, werden Sie bald die Lust daran verlieren, und wir werden uns schnell fragen, wo das hinführen soll. Um unser Interesse wachzuhalten, müssen wir eine neue Aufgabe erfinden. Werfen Sie das Kissen in die Luft, drehen sich einmal auf der Stelle und fangen es wieder auf! Auch das macht Spaß, denn wenn wir danebengreifen und das Kissen fallen lassen, sind wir immer fester entschlossen, es nächstes Mal besser zu machen. Und wenn wir das Tempo steigern, immer schneller werfen und herumwirbeln oder uns mehrmals bei jedem Wurf drehen, dann wird es auch immer aufregender für uns.

Bald werden Sie diesen Bewegungsablauf fast völlig unter Kontrolle haben, also muß ein weiteres Element hinzukommen. Werfen Sie Ihr Kissen hoch, gehen Sie einen Schritt nach rechts, fangen das Kissen Ihres Nachbarn und versuchen Sie, den Kreis ganz ruhig rotieren zu lassen, mit weniger Panik, weniger unnützer Bewegung.

Das ist gar nicht so leicht, aber wir wollen diese Übung nicht bis zur Perfektion treiben. Wir wollen nur festhalten, daß wir inzwischen etwas angeregter sind und der Körper sich allmählich aufwärmt. Aber wir brauchen uns nicht einzubilden, unsere ›Übungen‹ hätten irgend etwas mit Strenge und Disziplin zu tun. Wie bei vielen Improvisationen ist der erste Schritt wichtig, aber er reicht nicht aus. Man muß sich der vielen Fallstricke in dem, was wir Theaterspiele und -übungen nennen, sehr bewußt sein. Dank der Möglichkeit, mit seinem Körper freier umzugehen als im Alltagsleben, entsteht sehr schnell auch ein Gefühl der Freude, aber wenn dabei nicht gleichzeitig echte Schwierigkeiten zu bewältigen sind, führt die Erfahrung nirgendwohin. Das gilt für alle Formen der Improvisation. Oft halten sich Theatergruppen, die regelmäßig improvisieren, an das Prinzip, eine angefangene Improvisation grundsätzlich nie zu unterbrechen. Wenn Sie wirklich wissen wollen, was Langeweile heißt, dann schauen Sie sich mal eine Improvisation an, wo zwei oder drei Schauspieler so richtig in Fahrt kommen und »ihr Ding durchziehen«, ohne daß sie jemand bremst. Unweigerlich werden sie ganz schnell Klischees wiederholen, häufig mit einer tödlichen Langsamkeit, die auch jeden Zusehenden sofort weniger lebendig werden läßt. Manchmal dauert eine unglaublich anspruchsvolle Improvisation nur wenige Sekunden, wie bei den Sumo-Ringern; in diesem japanischen Kampfstil ist das Ziel klar, die Regeln sind streng, aber alles wird entschieden durch die blitzschnell improvisierten ·Stellungen der Arme und Beine in den allerersten Sekunden.

Nun werde ich Ihnen eine neue Übung vorschlagen, aber zuvor eine Warnung: Versuchen Sie nicht, das, was wir hier tun, in einem anderen Kontext zu wiederholen. Es wäre eine Tragödie, wenn nächstes Jahr an jeder Schauspielschule junge Schauspieler anfingen, Kissen in die Luft zu werfen – mit der Begründung, das wäre eine »berühmte Übung aus Paris«. Man kann viel amüsantere Sachen erfinden.

Jetzt fangen Sie, alle fünfzehn, die hier im Kreis sitzen, an zu zählen, einer nach dem anderen, jeder eine

Zahl, das Mädchen links beginnt. Eins, zwei, drei undsoweiter...

Jetzt versuchen Sie, von eins bis zwanzig zu zählen, ohne Ihre Position im Kreis zu beachten. Mit anderen Worten, es darf beginnen, wer will. Bedingung ist aber, daß Sie von eins bis zwanzig kommen, ohne daß je zwei von Ihnen gleichzeitig sprechen. Einige werden also mehr als einmal eine Zahl sagen müssen.

Eins, zwei, drei, $\begin{smallmatrix} vier \\ vier \end{smallmatrix}$

Nein. Zwei haben gleichzeitig gesprochen, also alles von vorn. Wir werden so oft wieder beginnen, wie es sein muß, und selbst wenn wir bis neunzehn gekommen sind und zwei Stimmen sagen »zwanzig«, müssen wir wieder bei eins anfangen. Aber es ist Ehrensache, daß wir nicht aufgeben.

Beachten Sie genau, was dazu gehört. Auf der einen Seite haben Sie absolute Freiheit. Jeder sagt eine Zahl, wann er will. Auf der anderen Seite sind zwei Bedingungen gestellt, die große Disziplin verlangen: Erstens muß man die ansteigende Folge der Zahlen beibehalten, und zweitens dürfen nicht zwei Personen gleichzeitig sprechen. Das erfordert eine weitaus größere Konzentration als am Anfang, da brauchten Sie nur Ihre Zahl in der Reihenfolge Ihrer Sitzordnung anzugeben. Diese Übung ist eine weitere einfache Illustration der Beziehung zwischen Konzentration, Aufmerksamkeit, Zuhören und individueller Freiheit. Sie zeigt außerdem, was alles zu einem natürlichen, lebendigen Tempo gehört, da die Pausen niemals künstlich und niemals gleich sind, sondern allesamt erfüllt von dem Denken und der Konzentration, die die Stille stützen.

Ich mag diese Übung sehr gern, was zum Teil auch daran liegt, wie ich zu ihr kam. Eines Tages sagte in einer Londoner Bar ein amerikanischer Regisseur zu mir: »Meine Schauspieler machen immer Ihre ›großartige Übung‹.« Ich war verblüfft. »Was meinen Sie damit?« fragte ich. »Na, Ihre besondere Übung, die Sie jeden Tag machen.« Ich fragte ihn, wovon er rede, und dann beschrieb er mir, was wir gerade getan haben. Ich hatte noch nie davon gehört, und bis zum heutigen Tage habe ich keine Ahnung, woher diese Übung kommt. Aber ich habe sie gerne übernommen – und seitdem machen wir sie regelmäßig und betrachten sie als unsere eigene. Sie kann leicht bis zu zwanzig Minuten oder einer halben Stunde dauern. In diesem Fall steigt die Spannung bis zum äußersten, und die Art des Zuhörens in der Gruppe ändert sich. Dies ist ein Beispiel für »vorbereitende« Übungen.

Betrachten wir ein weiteres, völlig anderes Beispiel, um dasselbe Prinzip zu illustrieren. Machen Sie eine Bewegung mit ihrem rechten Arm, lassen Sie ihn irgendwohin wandern, wirklich egal wohin, ohne nachzudenken. Wenn ich das Zeichen gebe, schicken Sie ihn los, dann halten Sie die Bewegung an. Jetzt!

Jetzt halten Sie die Bewegung an, genau so, wie der Arm ist, verändern oder verbessern Sie sie nicht, versuchen Sie nur zu fühlen, was Sie gerade ausdrücken. Erkennen Sie, daß ganz unvermeidlich eine, irgendeine Art Eindruck von der Haltung Ihres Körpers ausgeht. Ich betrachte Sie alle, und obwohl Sie nicht versucht haben, etwas »mitzuteilen«, etwas »auszusagen«, sondern Ihren Arm tun ließen, was er wollte, drückt doch jeder von Ihnen etwas aus. Nichts ist neutral. Machen wir das Experiment ein zweites Mal: Vergessen Sie nicht, es ist eine Bewegung des Arms ohne jegliche Absicht.

Jetzt bleiben Sie, wie Sie gerade sind, und versuchen Sie, ohne die Stellung zu verändern, eine Beziehung zwischen der Hand, dem Arm, der Schulter bis hinauf zu den Augenmuskeln zu spüren. Erfühlen Sie, daß alles eine Bedeutung hat. Jetzt gestatten Sie der Geste, sich zu entwickeln, sich zu vervollkommnen durch eine minimale Bewegung, eine kleine Anpassung.

Spüren Sie, daß sich mit dieser winzigen Veränderung etwas in Ihrem ganzen Körper verwandelt hat, Ihre gesamte Haltung wird einheitlicher und ausdrucksstärker.

Wir können nicht umhin zu erkennen, wie wir andauernd, mit allen Teilen unseres Körpers tausend Dinge ausdrücken. Die meiste Zeit geschieht das ohne unser Wissen, was bei einem Schauspieler eine diffuse Ausstrahlung schafft, die ein Publikum nicht bannen kann.

Nun wollen wir ein anderes Experiment versuchen. Wiederum sollen Sie einen Arm zu einer einfachen Bewegung erheben, aber es gibt einen fundamentalen Unterschied. Anstatt eine Bewegung zu machen, die Ihre eigene ist, führen Sie aus, was ich Ihnen vorschreibe: Halten Sie Ihre Hand offen ausgestreckt vor sich, die Handfläche nach unten. Sie tun dies nicht, weil Sie das Gefühl haben, Sie wollen es, sondern weil ich Sie dazu auffordere, und Sie sind bereit, mir zu folgen, ohne zu wissen, wohin dies führen wird.

Herzlich willkommen beim Gegenteil von Improvisation: Vorhin haben Sie eine Bewegung eigener Wahl gemacht, jetzt führen Sie eine aus, die Ihnen vorgeschrieben wurde. Akzeptieren Sie dies, ohne sich intellektuell-analytisch zu fragen: »Was bedeutet das?«, sonst bleiben Sie »draußen«. Versuchen Sie zu erfühlen, was es in Ihnen auslöst. Ihnen wird etwas von außen vorgegeben, das sich von der freien Bewegung unterscheidet, die Sie zuvor gemacht haben, und doch ist es dasselbe, wenn Sie es völlig annehmen, die neue Bewegung gehört Ihnen, und Sie gehören ihr. Wenn Sie das spüren können, sehen Sie die ganze Frage von Texten, Autorschaft und Regie in einem neuen Licht. Echte Schauspieler erkennen, daß die wirkliche Freiheit dann erreicht ist, wenn das von außen Kommende völlig mit dem verschmilzt, was ihm von innen entgegengebracht wird.

Heben Sie noch einmal Ihre Hand. Versuchen Sie zu spüren, in welcher Verbindung diese Bewegung mit dem Ausdruck der Augen steht. Versuchen Sie nicht, komisch zu wirken. Schauen Sie nicht grimmig drein, damit die Augen und das Gesicht etwas zu tun haben, lassen Sie Ihre Sensibilität die winzigsten Muskeln steuern.

Nun lauschen Sie, so wie Sie Musik hören, der Veränderung des Gefühls, wenn Sie langsam Ihre Hand drehen, wenn Sie von der ersten Position mit nach unten gekehrter Handfläche zu einer zweiten übergehen, wo die Handfläche zur Decke zeigt. Was wir zu fühlen versuchen, sind nicht nur die zwei Stellungen, es ist der Wandel der Bedeutung im Übergang von der einen zur anderen. Daß diese Bedeutung nonverbal und unintellektuell ist, macht sie nur um so inhaltsreicher.

Als nächstes versuchen Sie, persönliche Variationen innerhalb dieser Bewegung zu finden: Handfläche nach oben, Handfläche nach unten. Artikulieren Sie die Geste nach Belieben, suchen Sie Ihr eigenes Tempo. Um eine lebendige Qualität zu finden, muß man empfänglich für den Widerhall sein, die Resonanz, welche die Bewegung im übrigen Körper produziert.

Was wir gerade gemacht haben, fällt unter die allgemeine Überschrift »Improvisation«. Es gibt also zwei Formen von Improvisation, die eine, welche von der totalen Freiheit des Schauspielers ausgeht, und die andere, welche vorgegebene, manchmal sogar einschränkende Elemente einbezieht. In diesem Fall – und genauso auf der Bühne – heißt »Improvisieren«, daß der Schauspieler immer wieder von neuem sensibel auf den inneren Widerhall horcht, den jede Einzelheit in ihm und seinen Mitspielern hervorruft. Wenn er das tut, wird er bemerken, daß in den feinen Details keine Vorstellung wie die andere ist, und diese Bewußtheit ermöglicht ihm eine ständige Erneuerung.

Die Experimente, die wir gerade in ein paar Minuten untergebracht haben, können normalerweise wochen- und monatelang durchgeführt werden. Während der ganzen Probenzeit und vor jeder Vorstellung kann eine Übung oder eine Improvisation dabei helfen, jeden Schauspieler für sich selbst zu öffnen und die Mitglieder einer Gruppe füreinander. Vergnügen ist eine große Energiequelle. Ein Amateur hat dem Profi gegenüber einen Vorteil: Zwar arbeitet er nur gelegentlich, rein zu seinem Vergnügen und un-

102

abhängig davon, ob er Talent hat oder nicht, aber dafür bringt er Begeisterung mit. Der Profi braucht immer wieder Stärkung, wenn er die lähmende Effizienz der Berufsroutine vermeiden will.

Beim Film kann man einen weiteren Aspekt des Unterschieds zwischen einem Amateur und einem Profi sehen. Laiendarsteller – etwa ein Kind oder jemand, der auf der Straße »entdeckt« wurde – spielen oft genauso gut wie professionelle Schauspieler. Wenn man jedoch sagen wollte, alle Rollen in allen Filmen könnten ebensogut von Amateuren gespielt werden, hätte man unrecht. Wo liegt der Unterschied? Wenn Sie einen Amateur bitten, vor der Kamera dasselbe zu tun wie in seinem Alltag, wird ihm das in den meisten Fällen sehr gut gelingen. Das gilt für die meisten Handlungen, vom Töpfern bis zum Taschendiebstahl. Ein Extrembeispiel liefert *The Battle of Algiers*; in diesem Film traten Algerier auf, welche die Kampfhandlungen überstanden und im Untergrund gelebt hatten, und ein paar Jahre später konnten sie dieselben Handlungen vor der Kamera spielen, was wiederum dieselben Gefühle auslöste. Doch wenn man einen Nicht-Profi bittet, nicht nur Bewegungen zu reproduzieren, die tief in seinem Körper eingeprägt sind, sondern für sich selbst einen anderen Gefühlszustand heraufzubeschwören, dann verliert normalerweise fast jeder Amateur völlig die Orientierung.

Die besondere Fähigkeit des professionellen Schauspielers besteht darin, ohne irgendeine sichtbare Verstellung oder Künstlichkeit in seinem Innern Gefühlszustände herzustellen, die nicht zu ihm, sondern zu seiner Figur gehören. Das ist sehr selten. Gewöhnlich kann man die Kluft zwischen dem Schauspieler und dem Zustand, den er mit unterschiedlichem Geschick fabriziert, deutlich spüren. In den Händen eines echten Künstlers kann alles natürlich wirken, auch wenn die äußere Form so künstlich ist, daß sie keine Entsprechung in der Natur hat.

Wer annimmt, daß die Bewegungen des Alltagslebens automatisch »wirklicher« erscheinen als die bei Oper oder Ballett üblichen, der irrt. Man braucht sich nur Arbeiten anzusehen, die aus dem alten *Actors' Studio* kommen – oder vielleicht aus einem verzerrten *Actors' Studio*-Stil –, um zu begreifen, daß Supernaturalismus oder Hyperrealismus Konventionen sind, die ebenso künstlich wirken können wie der Gesang in einer großen Oper. Jeder Stil, jede Konvention ist an sich artifiziell, ohne Unterschied. Jeder Stil kann falsch wirken. Der Darsteller hat die Aufgabe, jeden Stil natürlich aussehen zu lassen. Wir kommen zu dem alten Prinzip zurück: Ein Wort, eine Bewegung werden vorgegeben, und in der Umsetzung werden sie »natürlich«. Aber was bedeutet nun »natürlich«? Es bedeutet, daß eine Handlung in dem Augenblick,

104

da sie geschieht, weder analysiert noch kommentiert wird, sie wirkt einfach echt.

Ich habe einmal im Fernsehen einen Filmausschnitt gesehen, da sagte Jean Renoir folgendes zu einer Schauspielerin: »Von Michel Simon habe ich eine Methode gelernt, die Louis Jouvet und bestimmt auch schon Molière und Shakespeare kannten: Um seine Figur zu verstehen, darf man keine vorgefaßten Vorstellungen haben. Um das zu erreichen, muß der Schauspieler seinen Text immer wieder sprechen, vollkommen neutral, bis er in ihn eingedrungen und das Verständnis des Textes persönlich und organisch geworden ist.«

Der Vorschlag von Jean Renoir ist exzellent, aber wie alle Vorschläge ist er unweigerlich unvollständig. Ich habe einmal von einem großartigen Tschechow-Regisseur gehört, der wochenlang im Flüsterton probte. Er ließ den Text ganz leise lesen, hinderte die Schauspieler daran, ihn zu spielen und die Worte mit unausgereiften oder unpassenden Impulsen wie Vorführen, Ausdrücken, Illustrieren – oder schlichtem Vergnügen am Akt des Probierens – zu »beschmutzen«. Wochenlang sollten sie murmeln, bis sich die Rollen in den jeweiligen Schauspielern verfestigt hatten. Für einen Tschechow mag das gute Resultate erbringen, ich halte es aber grundsätzlich für sehr gefährlich, es sei denn, an jedem Tag gibt es auch

Momente, da diese subtile Zurückgenommenheit durch extrovertierte Übungen und Improvisationen auf hohem Energielevel ausgeglichen wird.

Ich bin einmal einer amerikanischen Truppe begegnet, die mit einem Shakespeare auf Tournee war, und die Schauspieler erzählten mir stolz von ihrer Arbeitsmethode: Als sie durch Jugoslawien reisten, wanderten sie jeden Abend durch die Straßen der Stadt, wo sie gerade waren, und schrien einen ausgewählten Satz ihrer Rolle heraus – zum Beispiel »Sein oder Nichtsein« –, ohne dabei an irgend etwas zu denken! Auch sie waren schließlich von ihrem Text durchdrungen, aber ich sah die Aufführung – und was für ein hirnloses Durcheinander diese Methode hervorgebracht hatte! Hier wurde eine Technik eindeutig ins Absurde getrieben.

Man muß nämlich die beiden Ansätze verbinden. Es ist sehr wichtig, wenn man sich eine Szene zum erstenmal vornimmt, auch einen konkreten Vorgeschmack von ihr zu bekommen, indem man aufsteht und spielt, wie in einer Improvisation, ohne zu wissen, worauf man stoßen wird. Die dynamische und aktive Entdeckung des Textes ist eine bereichernde Erfahrung, und sie kann durchaus die ebenso notwendige intellektuelle Untersuchung vertiefen. Die mitteleuropäische Vorgehensweise ist mir allerdings ein Graus, wo man wochenlang an einem großen

Tisch sitzt, um die Bedeutungsebenen eines Textes zu ermitteln, bevor man ihn in seinem Körper spüren darf. Nach dieser Methode darf keiner aufstehen und spielen, bevor nicht eine Art intellektuelle Skizze angefertigt worden ist, so als wüßte man sonst nicht, welche Richtung man einschlagen soll. Dieses Prinzip ist zweifellos sehr geeignet für eine militärische Operation, denn ein guter General versammelt seine Verbündeten bestimmt um einen Tisch, bevor er die Panzer in Feindesland schickt. Theater ist denn doch etwas anderes…

Kehren wir für einen Augenblick zurück zu den Unterschieden zwischen Amateur und Profi. Wenn es um Gesang, Tanz oder Akrobatik geht, ist der Unterschied auffällig, denn die Techniken treten deutlich zutage. Beim Gesang wird der Ton entweder getroffen oder nicht, der Tänzer wackelt oder nicht, der Akrobat balanciert oder stürzt ab. Die Anforderungen an die Arbeit eines Schauspielers sind nicht geringer, aber es ist nahezu unmöglich, die Elemente zu definieren, die dazu gehören. Man kann sofort sehen, wenn etwas »nicht stimmt«, aber was geschehen muß, damit es stimmt, ist so subtil und komplex, daß es sich kaum erklären läßt. Aus diesem Grund kann, wenn man versucht, die Wahrheit einer Beziehung zwischen zwei Figuren zu finden, die analytische, militärstrategische Methode nicht funktionieren. Sie erreicht nicht das, was hinter Konzepten und jenseits von Definitionen liegt, auf dem riesigen Feld menschlicher, im Dunkel verborgener Erfahrung.

Ich persönlich verbinde gerne verschiedene, aber komplementäre Aufgaben an einem Tag: vorbereitende Übungen, die man regelmäßig durchführen muß, so wie man im Garten Unkraut jätet und Blumen gießt; dann praktische Arbeit am Stück, ohne vorgefaßte Meinungen, indem man sich gleich hineinstürzt, wo das Wasser am tiefsten ist, und experimentiert; und schließlich, als dritte Phase, die rationale Analyse, mit der sich das verdeutlichen läßt, was man gerade gemacht hat.

Diese Verdeutlichung ist nur sinnvoll, wenn sie untrennbar mit intuitivem Verständnis verbunden ist. Wer bei der Arbeit um einen Tisch herum sitzt, mißt der Analyse, einer geistigen Handlung, ein viel größeres Gewicht bei als dem Handwerkszeug der Intuition. Dabei ist dies ein viel feineres Instrument und geht viel weiter als die Analyse. Natürlich kann Intuition allein auch sehr gefährlich sein. Sobald man sich den Schwierigkeiten eines Stückes nähert, wird man mit der Notwendigkeit der Intuition *und* des Denkens konfrontiert. Beide sind unerläßlich.

Vorhin haben wir über die Experimente gesprochen, die sich darum drehten, die größtmögliche Menge von Emotionen mit der kleinstmöglichen Menge an

Aufwand zu übermitteln. Es ist sehr interessant zu sehen, wie die kleinste Äußerung, sei sie ein Wort oder eine Geste, leer sein kann oder erfüllt. Man kann »guten Tag« zu jemandem sagen und dabei weder »gut« noch »Tag« fühlen, ja, nicht einmal die Person, zu der man spricht. Man kann sich ganz mechanisch die Hand schütteln – und derselbe Gruß kann vor Aufrichtigkeit erstrahlen.

Über dieses Thema haben wir auf unseren Reisen lange mit Anthropologen diskutiert. Für sie ist der Unterschied etwa zwischen der europäischen Geste, sich die Hand zu schütteln, und dem Gruß mit aneinandergelegten Handflächen in Indien oder dem islamischen »Hand aufs Herz« ein kultureller. Vom Standpunkt des Schauspielers aus ist diese Theorie absolut nicht von Belang. Wir wissen, daß man mit der einen Bewegung ebenso heuchlerisch oder ebenso wahrhaftig sein kann wie mit der anderen. Wir können einer Geste eine Qualität und Bedeutung verleihen, selbst wenn sie nicht zu unserer Kultur gehört. Der Schauspieler muß wissen: Ganz gleich, welche Bewegung er macht, entweder bleibt sie eine leere Hülle, oder er füllt sie bewußt mit wahrer Bedeutung. Es liegt an ihm.

Qualität zeigt sich im Detail. Die Präsenz eines Schauspielers, das, *was* seinem Zuhören und Hinsehen auf der Bühne eine Qualität verleiht, bleibt letztlich ziemlich geheimnisvoll, aber nicht restlos. Es liegt nicht völlig jenseits seiner bewußten und willensabhängigen Fähigkeiten. Er kann diese Präsenz aus einer bestimmten Stille in seinem Innern entwickeln. Das sogenannte »heilige Theater«, in dem das Unsichtbare aufscheint, ist in dieser Stille verwurzelt, aus der alle möglichen bekannten und unbekannten Bewegungen erwachsen können. Am Grad der Sensibilität in einer Bewegung wird ein Eskimo sofort erkennen, ob eine indische oder afrikanische Geste als Willkommensgruß oder als Angriff gemeint ist. Unabhängig vom Code kann die Form von einer Bedeutung erfüllt werden, und das Verständnis ist unmittelbar. Theater ist immer sowohl eine Suche nach der Bedeutung als auch ein Weg, diese Bedeutung anderen zugänglich zu machen. Darin liegt das Geheimnis.

Die Erkenntnis des Geheimnisvollen ist sehr wichtig. Wenn der Mensch seinen Sinn für Ehrfurcht verliert, verliert auch das Leben seinen Sinn, und nicht umsonst war auch das Theater im Ursprung ein Mysterium. Das Handwerk des Theaters aber kann nicht geheimnisvoll bleiben. Wenn die Hand, die den Hammer schwingt, in ihrer Bewegung ungenau ist, wird sie den Daumen treffen, nicht den Nagel. Die Urfunktion des Theaters muß immer respektiert werden, aber nicht mit jener Art von Respekt, die einschläfert. Es gibt immer eine Leiter zu erklimmen, von einer Qualitätsstufe zur nächsten. Doch wo findet man diese Leiter? Ihre Sprossen sind Einzelheiten, die kleinsten Details, Augenblick für Augenblick. Aus Einzelheiten besteht das Handwerk, welches zum Kern des Geheimnisses führt.

Der goldene Fisch

Jedesmal, wenn ich vor Publikum spreche, ist das ein Theaterexperiment. Ich versuche die Aufmerksamkeit der Zuhörer auf die Tatsache zu lenken, daß wir uns hier und jetzt in einer theatralischen Situation befinden. Wenn Sie und ich den Prozeß, an dem wir im Augenblick beteiligt sind, im Detail betrachten, dann kommen wir zu einer wesentlich weniger theoretischen Betrachtung der Bedeutung von Theater. Doch heute ist das Experiment viel komplizierter. Zum allerersten Mal habe ich, anstatt zu improvisieren, mich darauf eingelassen, einen Vortrag im voraus zu formulieren, da der Text zur Veröffentlichung gebraucht wird. Ich habe mir vorgenommen, darauf zu achten, daß dadurch der Prozeß nicht behindert, sondern unser gemeinsames Projekt vielmehr bereichert wird.

Während ich diese Worte aufschreibe, sitzt der Autor – »Ich Numero eins« – an einem heißen Sommertag in Südfrankreich und versucht, sich das Unbekannte vorzustellen: ein japanisches Publikum in Kyoto – keine Ahnung, was für ein Saal, wie viele Menschen, in welcher Situation. Ganz gleich, wie sorgfältig ich meine Worte wähle, ein Teil des Publikums wird sie ohnehin von einem Dolmetscher in einer anderen Sprache hören. In diesem Augenblick ist für Sie alle der Autor, »Ich Numero eins«, verschwunden; »Ich Numero zwei«, der Vortragende, hat ihn ersetzt. Wenn der Vortragende diesen Text vorliest, den Kopf über seine Papiere gebeugt, und den Inhalt in monotonem, pedantischem Tonfall abliefert, dann werden genau die Worte, die beim Aufschreiben so lebendig wirkten, in unerträglicher Eintönigkeit versinken und ein weiteres Mal vorführen, warum akademische Vorträge einen schlechten Ruf haben. »Ich Numero eins« geht es also genau wie einem Dramatiker, der darauf vertrauen muß, daß »Ich Numero zwei« neue Energie und neue Facetten in den Text und das Ereignis bringen wird. Für alle, die Englisch verstehen, sind es die Veränderungen im Klang der Stimme, der plötzliche Wechsel der Tonhöhe, das Crescendo, das Fortissimo, das Pianissimo, die Pausen, die Stille – also die unmittelbare stimmliche Musik, welche die menschliche Dimension überträgt und das Publikum zum Zuhören motivieren kann; und diese menschliche Dimension ist genau das, was wir und unsere Computer am wenigsten verstehen, zumindest auf präzise wissenschaftliche Weise: ein Gefühl. Das Gefühl führt zur Leidenschaft, die Leidenschaft trägt eine Überzeugung, und Überzeugung ist das einzige geistige Instrument, das den Menschen auf seinen Mitmenschen achten läßt. Selbst diejenigen unter Ihnen, die mich im Augenblick nur uber einen Dolmetscher hören, sind nicht abgeschnitten von einer gewissen Energie, die langsam unser aller Aufmerksamkeit zu verknüpfen beginnt, denn diese Energie verbreitet sich durch den Klang und auch durch die Gestik im Raum; jede Bewegung, die der Sprechende mit der Hand, mit seinem Körper macht, sei es bewußt oder unbewußt, stellt eine Art Übertragung dar – wie ein Schauspieler muß ich darauf achten, dafür bin ich verantwortlich –, und auch Sie spielen eine aktive Rolle, denn in Ihrem Schweigen liegt ein ›Verstärker‹ verborgen, der Ihre eigenen privaten Empfindungen durch unseren Raum an mich zurücksendet, mich unmerklich ermutigt und meinen Vortrag verbessert.

Was hat das mit Theater zu tun? Alles.

Machen wir uns gemeinsam unseren Ausgangspunkt klar. Das Wort *Theater* ist so vage, daß es entweder gar nichts bedeutet oder Verwirrung schafft, weil ein Mensch über einen Aspekt spricht und der nächste über etwas ganz anderes. Es ist so, als spräche man vom Leben. Das Wort ist zu groß, um Bedeutung zu tragen. Theater ist nicht an ein Gebäude gebunden, nicht an Texte, Schauspieler, Stilrichtungen oder Formen. Die Essenz des Theater liegt in einem Mysterium namens »der gegenwärtige Augenblick«.

»Der gegenwärtige Augenblick« ist erstaunlich. Wie

ein Fragment aus einem Hologramm ist seine Transparenz eine Täuschung. Wenn man dieses Atom Zeit aufspaltet, enthält es in seiner unendlichen Winzigkeit das ganze Universum. Hier, in diesem Augenblick, geschieht an der Oberfläche gar nichts Besonderes. Ich spreche, Sie hören zu. Doch ist dieses Oberflächenbild eine verläßliche Spiegelung unserer gegenwärtigen Wirklichkeit? Natürlich nicht. Keiner von uns hat sich urplötzlich von dem gesamten Gewebe seines Lebens abgelöst: Selbst wenn sie sich momentan im Schlummerzustand befinden, sind unsere Anliegen, unsere Beziehungen, unsere kleinen Komödien und unsere tiefen Tragödien alle da, wie Schauspieler, die in der Gasse warten. Nicht nur die Besetzung unserer persönlichen Dramen ist anwesend, sondern Unmengen von Nebenfiguren stehen, wie der Chor einer Oper, in einer Reihe, bereit für ihren Auftritt, und verbinden unsere private Geschichte mit der Außenwelt, mit der Gesellschaft als Ganzem. Und in jedem Augenblick schwingen in uns Saiten, deren Töne und Harmonien unserer Fähigkeit entsprechen, auf die Vibrationen der unsichtbaren spirituellen Welt zu reagieren, die wir oft übersehen, zu der wir jedoch mit jedem neuen Atemzug Verbindung aufnehmen.

Wenn es mit einem Schlag möglich wäre, all unsere verborgenen Bilderwelten und Antriebe offenzulegen und in die Arena dieses Saals zu entlassen, käme das einer Atomexplosion gleich, und der chaotische Strudel der Impressionen wäre zu überwältigend, als daß sie irgendeiner von uns aufnehmen könnte. Nun verstehen wir, warum ein gegenwärtiger Theatervorgang, der das verborgene kollektive Potential aus Gedanken, Bildern, Gefühlen, Mythen und Traumata freisetzt, so machtvoll ist und so gefährlich sein kann.

Politische Unterdrückung hat dem Theater immer die größte Reverenz erwiesen. In Ländern, die unter einem Regime der Angst leben, ist das Theater die Kunstform, die von den Diktatoren am aufmerksamsten beobachtet und am meisten gefürchtet wird. Aus diesem Grunde müssen wir, je größer unsere Freiheit ist, um so genauer jeden Theatervorgang verstehen und disziplinieren: Bedeutung läßt sich nur greifen, wenn man sie ganz präzisen Gesetzen unterwirft.

Zunächst muß das Chaos, das entstehen könnte, wenn jedes Individuum seine eigene geheime Welt losließe, zu einem gemeinsamen Erlebnis vereinigt werden. Mit anderen Worten, der Aspekt der Wirklichkeit, den der Schauspieler heraufbeschwört, muß im Innern jedes Zuschauers eine Reaktion in demselben Bereich hervorrufen, so daß für einen Augenblick das Publikum einen kollektiven Eindruck erlebt. Das bedeutet, das vorgestellte Grundmaterial, die Geschichte oder das Thema sind vor allem dazu da, eine gemeinsame Grundlage zu liefern, sie sind das Gebiet, auf dem sich potentiell jeder Zuschauer, ganz gleich welchen Alters oder welcher Herkunft, mit seinem Nachbarn in einer gemeinsamen Erfahrung treffen kann.

Es ist sicher ganz leicht, eine gemeinsame Grundlage zu finden, die nur trivial und oberflächlich ist und deshalb nicht besonders interessant. Die Basis, die alle miteinander verbindet, muß natürlich interessant sein. Doch was bedeutet *interessant* nun wirklich? Das kann man testen. In der Millisekunde, wenn der Schauspieler und sein Publikum ihre Beziehung aufnehmen wie in einer körperlichen Umarmung, ist es die Dichte, die Kompaktheit, die Vielschichtigkeit, die Reichhaltigkeit – kurz, die Qualität des Augenblicks, die zählt. Jeder einzelne Moment kann also schwach und eher uninteressant sein – oder im Gegenteil tief, voller Qualität. Lassen Sie mich noch einmal betonen, daß dieses Niveau der Qualität die einzige Bezugsgröße ist, nach der man einen Theatervorgang beurteilen kann.

Jetzt müssen wir genauer untersuchen, was mit »Augenblick« gemeint ist. Wenn wir bis zum Kern eines Augenblicks vorstoßen könnten, würden wir bestimmt feststellen, daß es dort keine Bewegung gibt, jeder Moment ist die Ganzheit aller möglichen Momente, und was wir Zeit nennen, ist verschwunden. Doch während wir nach außen in die Bereiche vordringen, wo sich normalerweise unsere Existenz abspielt, merken wir, daß jeder Augenblick in der Zeit mit dem vorhergehenden und dem nachfolgenden verbunden ist, in einer niemals abreißenden Kette. In einer Theatervorstellung haben wir es also mit einem unausweichlichen Gesetz zu tun. Eine Vorstellung fließt, in einer ansteigenden und wieder abfallenden Kurve. Um einen Moment von tiefer Bedeutung zu erzielen, brauchen wir eine Kette von Augenblicken, die ganz schlicht und natürlich beginnt, uns zur Intensität hinführt und dann wieder von ihr fort. Die Zeit, so oft ein Feind im Leben, kann auch eine Verbündete werden, wenn wir sehen, wie ein blasser Moment zu einem strahlenden führen kann und dieser zu einem Augenblick vollkommener Transparenz, bevor alles wieder in alltägliche Einfachheit zurückfällt.

Das können wir leichter nachvollziehen, wenn wir uns einen Fischer vorstellen, der sein Netz knüpft. Während er arbeitet, ist jede kleine Bewegung seiner Finger sorgfältig und sinnvoll. Er zieht seinen Faden, er knüpft die Knoten, umschließt die Leere mit Formen, deren exakte Umrisse exakten Funktionen entsprechen. Dann wird das Netz ins Wasser geworfen, wird hin und her gezogen, mit der Strömung, gegen die Strömung, in vielen komplexen Mustern. Ein Fisch wird gefangen, ein ungenießbarer Fisch oder ein gewöhnlicher Fisch, den man gut dünsten kann, vielleicht ein bunter oder ein seltener Fisch, ein giftiger oder, in begnadeten Momenten, ein goldener Fisch.

Es gibt allerdings einen feinen Unterschied zwischen dem Theater und der Fischerei, den man unterstreichen muß. Im Fall des gut gearbeiteten Netzes hängt es vom Glück des Fischers ab, ob er einen guten oder einen schlechten Fisch fängt. Im Theater ist derjenige, der die Knoten geknüpft hat, auch verantwortlich für die Qualität des Augenblicks, den er letztendlich im Netz hat. Es ist verblüffend – der »Fischer« hat durch sein Knüpfen der Knoten Einfluß auf die Qualität der Fische, die in seinem Netz landen!

Der erste Schritt ist besonders wichtig, und er ist schwieriger, als er aussieht. Überraschenderweise wird dieser vorbereitende Schritt nicht mit dem Respekt betrachtet, den er verdient. Ein Publikum mag dasitzen und auf den Anfang der Vorstellung warten, wünscht und erhofft sich vielleicht, fasziniert zu werden, überredet sich selbst, daß es so sein wird. Es wird aber nur dann unwiderstehlich fasziniert sein, wenn die allerersten Worte, Geräusche oder Handlungen ein erstes Rumoren tief im Zuschauer auslösen, das mit den verborgenen, erst allmählich zum Vorschein kommenden Themen in Verbindung steht. Das kann keinesfalls ein intellektueller oder rationaler Prozeß sein. Theater ist ganz gewiß keine Diskussion unter gebildeten Menschen. Das Theater betätigt durch die Energie von Klang, Wort, Farbe und Bewegung einen emotionalen Schalter im Menschen, wodurch wiederum Erschütterungen durch den Intellekt geschickt werden. Sobald der Darsteller einmal mit dem Publikum in Verbindung steht, kann sich das Geschehen auf viele Arten weiterentwickeln. Es gibt Theater, die sich lediglich vorgenommen haben, guten Durchschnittsfisch zu produzieren, den man ohne Magenverstimmung essen kann. Es gibt pornographische Theater, die bewußt einen Fisch servieren, dessen Eingeweide voller Gift sind. Doch nehmen wir einmal an, wir haben den größten Anspruch, wir wollen auf der Bühne gar nichts anderes als den goldenen Fisch fangen.

Woher kommt der goldene Fisch? Das wissen wir nicht. Irgendwoher aus jenem kollektiven mythischen Unbewußten, so spekulieren wir, jenem weiten Ozean, dessen Küsten niemals entdeckt, dessen Tiefen niemals ganz erforscht wurden. Und wo befinden wir uns, die gewöhnlichen Menschen im Publikum? Wir befinden uns, wo wir sind, wenn wir das Theater betreten, nämlich in uns selbst, in unserem normalen Leben. Das Knüpfen des Netzes ist also wie der Bau einer Brücke zwischen unserem normalen Ich in seinem Normalzustand, das seine Alltagswelt mit sich trägt, und einer unsichtbaren Welt, die sich uns nur offenbaren kann, wenn die normalerweise unzureichende Wahrnehmung durch eine unendlich geschärftere Bewußtheit ersetzt wird. Besteht das Netz nun aus Löchern oder aus Knoten? Diese Frage ist ein *Koan* *, und wenn wir Theater machen wollen, müssen wir immer mit ihr leben.

Nichts in der Theatergeschichte veranschaulicht dieses Paradox so treffend wie die Strukturen, die wir bei Shakespeare finden. Im wesentlichen ist sein Theater religiös, es trägt die unsichtbare spirituelle Welt in die konkrete Welt erkennbarer und sichtbarer Konturen und Taten. Shakespeare macht keine Zugeständnisse, auch nicht an den äußersten Enden der menschlichen Skala. Sein Theater banalisiert das Spirituelle nicht, um dem gewöhnlichen Menschen die Einfühlung zu erleichtern, noch lehnt es das Schmutzige ab, das Häßliche, die Gewalt, die Absurdität und das Lachen des einfachen Daseins. Es gleitet mühelos zwischen den beiden Extremen hin und her, von einem Moment zum andern, während dort, wo es große Schritte vorwärts tut, die entstehende Erfah-

---

* *Koan:* der Vernunft unzugängliche Frage im Zen-Buddhismus (Anm. d. Übers.)

rung intensiviert wird, bis aller Widerstand zusammenbricht und das Publikum aufgerüttelt ist zu einem Augenblick tiefer Einsicht in die Beschaffenheit der Wirklichkeit. Dieser Augenblick kann nicht andauern. Die Wahrheit läßt sich nicht definieren oder greifen, aber das Theater ist eine Maschine, die all ihre Teilnehmer in die Lage versetzt, einen Aspekt der Wahrheit einen Moment lang auszukosten; Theater ist eine Maschine zum Auf- und Abklettern auf der Leiter des Sinns.

Jetzt sind wir bei der echten Schwierigkeit angelangt. Einen Moment der Wahrheit einzufangen erfordert, daß sich der Schauspieler, der Regisseur, der Autor und der Bühnenbildner in ihren Bemühungen zusammentun; keiner schafft es allein. Innerhalb einer Aufführung kann es nicht verschiedene Ästhetiken und konkurrierende Ziele geben. Alle Techniken der Kunst und des Handwerks haben dem zu dienen, was der englische Dichter Ted Hughes eine »Vermittlung« zwischen unserer Alltäglichkeit und der verborgenen Ebene des Mythos genannt hat. Diese Vermittlung sieht so aus, daß sie das Unveränderliche mit der sich stets wandelnden Alltagswelt zusammenbringt, in der ja die Theatervorstellung stattfindet. In jeder Sekunde unseres wachen Lebens stehen wir mit dieser Welt in Verbindung, wenn die Informationen, die unsere Gehirnzellen in der Vergangenheit gespeichert haben, in der Gegenwart wieder aktiviert werden. Die andere, ebenfalls ständig vorhandene Welt ist deshalb unsichtbar, weil unsere Sinne keinen Zugang zu ihr haben, obgleich unsere Intuition sie auf die unterschiedlichste Weise wahrnimmt. Alle spirituellen Praktiken bringen uns näher an die unsichtbare Welt heran, indem sie uns helfen beim Rückzug aus der Welt der Eindrücke in die Ruhe und Stille. Doch Theater ist selbst keine spirituelle Disziplin. Theater ist ein äußerer Verbündeter des spirituellen Weges, mit der Aufgabe, eine unsichtbare Welt schlaglichtartig zu beleuchten, die unsere Alltagswelt durchdringt und normalerweise von den menschlichen Sinnen nicht bemerkt wird.

Die unsichtbare Welt hat keine Form, sie verändert sich nicht, jedenfalls nicht nach unseren Kriterien. Die sichtbare Welt ist immer in Bewegung, ihr Charakteristikum ist das Fließen. Ihre Formen leben und sterben. Die komplexeste Form, das menschliche Wesen, lebt und stirbt, Zellen leben und sterben – und auf genau dieselbe Weise entstehen Sprachen, Verhaltensmuster, Haltungen, Gedanken und Strukturen, erleben ihren Niedergang und verschwinden wieder. In bestimmten, seltenen Momenten der Menschheitsgeschichte ist es Künstlern gelungen, das Sichtbare und das Unsichtbare so wahrhaftig zu vermählen, daß die entstandenen Formen, seien es Tempel, Skulpturen, Gemälde, Erzählung oder Musik, bis in alle Ewigkeit zu überleben scheinen. Obwohl wir auch hier vorsichtig sein und anerkennen müssen, daß selbst das Ewige stirbt. Es überdauert nicht für immer.

Ein Theaterpraktiker hat, ganz gleich in welchem Land der Welt er lebt, allen Grund, sich den großen traditionellen Formen mit der Demut und dem Respekt anzunähern, den sie verdienen, ganz besonders denen des asiatischen Theaters. Sie können ihn weit über sich selbst hinauswachsen lassen – weit hinaus über die unzureichende Fähigkeit zu Durchdringung und Kreativität, die der Künstler des zwanzigsten Jahrhunderts als seinen wahren Lebenszustand anerkennen muß. Ein großes Ritual, ein fundamentaler Mythos ist ein Tor, ein Tor, das nicht zu betrachten, sondern zu erfahren ist, und wer das Tor in sich selbst erfahren kann, durchschreitet es am intensivsten. Die Vergangenheit darf also nicht arrogant ignoriert werden. Aber wir dürfen auch nicht mogeln. Wenn wir die Rituale und Symbole der Vergangenheit stehlen und versuchen, sie für unsere Zwecke auszubeuten, dürfen wir uns nicht wundern, wenn sie ihre Qualitäten verlieren und schließlich nur noch glitzernde und leere Dekorationen sind. Wir sind ständig zur Differenzierung aufgefordert. In manchen Fällen ist eine traditionelle Form immer noch lebendig; in anderen ist die Tradition wie eine tote Hand, die jedes Leben in der Erfahrung abwürgt. Das Problem liegt darin, den »anerkannten Weg« zu verweigern, ohne gleich nach Veränderung nur um der Veränderung willen zu suchen.

Die zentrale Frage ist also eine der Form, der präzisen, der geeigneten Form. Wir kommen nicht ohne sie aus, das Leben kommt nicht ohne sie aus. Doch was bedeutet »Form«? So oft ich mich dieser Frage auch zuwende, ich komme unweigerlich immer wieder auf das *sphota*, ein Wort aus der klassischen indischen Philosophie, dessen Bedeutung schon in seinem Klang liegt – ein Kräuseln, das plötzlich auf der Oberfläche stiller Gewässer erscheint, eine Wolke, die an einem klaren Himmel entsteht. Etwas Virtuelles wird manifest, der Geist nimmt Körperlichkeit an, der erste Laut, der Urknall – das ist Form.

In Indien, in Afrika, im Nahen Osten, in Japan stellen Künstler, die am Theater arbeiten, dieselbe Frage: Wie kann unsere Form heute aussehen? Wo müssen wir sie suchen? Die Situation ist verworren, die Frage ist verworren, die Antworten sind verworren. Sie gehören meistens zu einer der folgenden zwei Kategorien. Auf der einen Seite gibt es die Überzeugung, daß die großen kulturellen Kraftwerke des Westens – Paris, London und New York – das Problem gelöst hätten, und man bräuchte nur ihre Form zu überneh-

128

men, so wie unterentwickelte Länder industrielle Prozesse und Technologien importieren. Die andere Haltung ist genau umgekehrt. Künstler in Ländern der Dritten Welt haben oft das Gefühl, ihre Wurzeln verloren zu haben, überrollt worden zu sein von der großen Welle aus dem Westen mit all ihren Bildern des zwanzigsten Jahrhunderts, weshalb sie es für lebenswichtig halten, fremde Vorbilder abzulehnen. Die Folge ist eine trotzige Rückkehr zu den kulturellen Ursprüngen und alten Traditionen. Und darin spiegeln sich unverkennbar die beiden entgegengesetzten großen Strömungen unserer Zeit wider, nach außen auf die Einheit zu, nach innen auf die Zersplitterung zu.

Keine der beiden Methoden bringt jedoch gute Resultate hervor. In vielen Ländern der Dritten Welt nehmen sich Theatergruppen Stücke europäischer Dramatiker wie Brecht oder Sartre vor. Oft erkennen sie dabei nicht, daß diese Autoren mit einem komplexen Verständigungssystem arbeiten, das zu ihrer Zeit und ihrer Lebenswelt gehört. In einem vollständig anderen Kontext trifft es auf keine Resonanz mehr. Imitationen des experimentellen Avantgardetheaters der sechziger Jahre stoßen auf dasselbe Problem. Deshalb vertiefen sich ernsthafte Theatermenschen der Dritten Welt mit einer Mischung aus Stolz und Verzweiflung in ihre Vergangenheit und versuchen, ihre Mythen, Rituale und Folklore zu aktualisieren, doch das führt leider oft zu einer armseligen Mixtur, die »weder Fisch noch Fleisch« ist.

Wie kann man dann der Gegenwart treu sein? Vor nicht allzu langer Zeit bin ich durch Portugal, die Tschechoslowakei und Rumänien gereist. In Portugal, dem ärmsten westeuropäischen Land, bekam ich zu hören: »Keiner geht mehr ins Theater oder ins Kino.« »Aha«, sagte ich verständnisvoll, »das liegt an Ihren wirtschaftlichen Problemen, die Leute können es sich nicht mehr leisten.« »Ganz und gar nicht!« lautete die überraschende Antwort. »Genau das Gegenteil ist der Fall. Die Wirtschaft berappelt sich langsam. Früher, als wir wenig Geld hatten, war das Leben meistens grau, und Ausgehen war eine Notwendigkeit, ob nun Theater oder Kino, also wurde dafür natürlich etwas Geld beiseite gelegt. Heute können die Leute etwas mehr ausgeben, und die gesamte Konsumpalette des zwanzigsten Jahrhunderts steht ihnen zur Verfügung. Es gibt Videorecorder, Videokassetten, CDs, und um das ewige Bedürfnis der Geselligkeit zu befriedigen, haben wir Restaurants, Charterflüge, Pauschalreisen. Dann kommen Kleidung, Schuhe, Friseur… Kinos und Theater gibt es immer noch, aber in der Rangfolge wichtiger Dinge sind sie sehr tief gesunken.«

Aus dem marktorientierten Westen fuhr ich weiter nach Prag und Bukarest. Auch hier, wie in Polen, Rußland und beinahe allen ehemals kommunistischen Ländern, ertönt derselbe Schrei der Verzweiflung. Vor wenigen Jahren noch schlugen sich die Leute um eine Theaterkarte. Heute spielen die Theater oft nur noch mit 25 % Platzausnutzung. Trotz des völlig anderen gesellschaftlichen Umfeldes steht man vor demselben Phänomen eines Theaters, das keine Anziehungskraft mehr hat.

In den Tagen der totalitären Unterdrückung war das Theater einer der wenigen Orte, wo sich die Menschen für eine kurze Zeitspanne frei fühlen konnten, indem sie entweder in ein romantischeres, poetischeres Dasein flüchteten oder, verborgen und geschützt in der Anonymität des Publikums, sich mit Gelächter und Applaus Haltungen anschlossen, welche die Obrigkeit herausforderten. Ein respektabler Klassiker gab den Schauspielern Zeile für Zeile Gelegenheit, durch die kleinste Betonung eines Wortes oder eine unmerkliche Geste in ein stillschweigendes Einverständnis mit dem Zuschauer zu treten und auf diese Weise das auszudrücken, was ansonsten verboten war. Jetzt ist das nicht mehr nötig, und das Theater muß sich einer schwer zu verkraftenden Tatsache stellen – die triumphal vollen Häuser der Vergangenheit waren aus vielen triftigen Gründen ausverkauft, aber nicht, weil es dem Publikum um eine wahrhaftige Theatererfahrung mit dem Stück selbst ging.

Schauen wir uns noch einmal die Situation in Europa an. Von Deutschland ostwärts bis zum riesigen russischen Kontinent und auch im Westen, über Italien bis nach Portugal und Spanien, überall hat es totalitäre Regimes gegeben. Charakteristisch für alle Arten von Diktatur ist das Erstarren der Kultur. Deren Formen, ganz gleich welcher Art, können nicht weiter nach ihren eigenen Gesetzen leben, sterben und sich erneuern. Ein gewisses Spektrum kultureller Phänomene wird als unbedenklich und respektabel betrachtet und institutionalisiert, während alle anderen Formen als verdächtig gelten und entweder in den Untergrund getrieben oder vollkommen ›ausgemerzt‹ werden. Die zwanziger und dreißiger Jahre waren für das europäische Theater außergewöhnlich lebendig und fruchtbar. Die wichtigsten technischen Erneuerungen – Drehbühne, offene Bühne, Lichteffekte, Projektionen, abstraktes Bühnenbild, funktionale Konstruktionen – stammen allesamt aus dieser Periode. Bestimmte Stilrichtungen des Schauspielens, bestimmte Bezüge zum Publikum, bestimmte hierarchische Verhältnisse wie die Stellung des Regisseurs oder die Bedeutung des Bühnenbildners wurden begründet. Sie paßten in ihre Zeit. Dann folgten enorme gesellschaftliche Umwälzungen; Krieg, Mas-

saker, Revolution und Konterrevolution, Enttäuschung, Ablehnung alter Denkweisen, Hunger nach
neuen Anregungen, eine hypnotische Faszination
durch alles, was neu und anders war. Heute ist dieser
Druck nicht mehr da. Aber das Theater, starr auf alte
Strukturen bauend, hat sich nicht verändert. Es ist
nicht mehr Teil seiner Zeit. Und das Resultat? Überall auf der Welt erlebt das Theater eine Krise, aus
vielerlei Gründen. Das ist gut, es ist notwendig.
Eine klare Unterscheidung muß unbedingt getroffen
werden. »Theater« ist eine Sache, »die Theater« sind
etwas ganz anderes. »Die Theater« sind Gefäße; ein
Gefäß ist nicht sein Inhalt, ebensowenig wie ein Umschlag mit dem Brief gleichzusetzen ist. Wir greifen je
nach Format und Umfang unserer Mitteilung nach
einem Briefumschlag. Leider endet die Parallele hier:
Ein Umschlag ist leicht auf den Müll geworfen; weitaus schwieriger läßt sich ein Gebäude wegwerfen, erst
recht ein schönes Gebäude, auch wenn wir instinktiv
spüren, daß es seinen Zweck überlebt hat. Es ist noch
schwerer, die kulturellen Gewohnheiten abzulegen,
die unserem Denken eingeprägt sind, Gewohnheiten
der Ästhetik, der künstlerischen Praktiken und Traditionen. Doch »Theater« ist ein grundlegendes
menschliches Bedürfnis, während »die Theater« und
ihre Formen und Stilrichtungen nur vergängliche,
austauschbare Gefäße sind.

Damit sind wir wieder beim Problem der leeren Theater, und es wird klar, daß es nicht um *Reformen* geht – *re-form* bezeichnet im Englischen recht präzise die Wiederherstellung alter Formen. Solange die Aufmerksamkeit nicht von der Form loskommt, wird jede Antwort auch rein formal sein – und in der Praxis enttäuschen. Wenn ich so viel von Formen spreche, dann um zu betonen, daß die Suche nach neuen Formen allein keine Lösung sein kann. In Ländern, deren Theater eine Tradition hat, stellt sich dasselbe Problem. Wenn Modernisierung nur bedeutet, alten Wein in neue Schläuche zu füllen, dann sitzt man weiterhin in der formalen Falle fest. Wenn der Regisseur, der Bühnenbildner, der Schauspieler versuchen, eine naturalistische Reproduktion heutiger Bilder als Form zu nehmen, werden sie zu ihrer Enttäuschung feststellen, daß sie damit kaum weiter kommen als das, was Stunde um Stunde im Fernsehen gesendet wird.

Ein lebendiges, gegenwärtiges Theatererlebnis muß nah am Puls der Zeit sein, so wie ein Modedesigner nie blindlings auf Originalität setzt, sondern seine Kreativität auf geheimnisvolle Weise mit der sich stets wandelnden Oberfläche des Lebens verschmilzt. Die Kunst des Theaters muß auch die Facetten des Alltags aufweisen – Geschichten, Situationen, Themen müssen wiederzuerkennen sein, denn der Mensch inter essiert sich vor allem für das Leben, das er kennt. Die Theaterkunst braucht Substanz und Bedeutung. Die Substanz besteht aus der Dichte der menschlichen Erfahrung; jeder Künstler strebt danach, sie auf die eine oder andere Weise mit seiner Arbeit einzufangen, und vielleicht spürt er, daß Bedeutung aus der Möglichkeit entsteht, mit der unsichtbaren Quelle jenseits seiner normalen Grenzen in Kontakt zu treten, die einer Bedeutung erst Bedeutung verleiht. Die Kunst ist ein Rad, das sich um einen ruhigen Mittelpunkt dreht, den wir weder greifen noch definieren können.

Was ist also unser Ziel? Eine Begegnung mit dem Stoff des Lebens, nicht mehr und nicht weniger. Das Theater kann jeden Aspekt des menschlichen Daseins reflektieren, das heißt, jede lebendige Form ist gültig, jede Form kann ihren potentiellen Platz im dramatischen Ausdruck finden. Formen sind wie Wörter; sie bekommen erst dann einen Sinn, wenn sie richtig benutzt werden. Shakespeare hatte das größte Vokabular aller englischer Dichter und erweiterte es ständig; dabei kombinierte er dunkle philosophische Begriffe mit den gröbsten Obszönitäten, bis er schließlich über 25 000 Wörter zur Verfügung hatte. Im Theater gibt es, jenseits der Wörter, unendlich viel mehr Sprachen, in denen die Kommunikation mit dem Publikum hergestellt und aufrechterhalten wird. Es gibt die Körpersprache, die Sprache der Laute, des Rhythmus, der Farben, die Sprache der Kostüme, des Bühnenbildes und des Lichtdesigns – allesamt zusätzlich zu jenen 25 000 Wörtern. Jedes Element des Lebens ist wie ein Wort eines universellen Vokabulars. Bilder aus der Vergangenheit, Bilder aus der Tradition, Bilder von heute, Mondraketen, Revolver, derber Slang, ein Stapel Ziegelsteine, eine Flamme, eine Hand auf dem Herzen, ein Schrei aus tiefstem Innern, die unendlichen musikalischen Schattierungen der Stimme – sie alle sind wie Substantive und Adjektive, aus denen wir neue Sätze bauen können. Wissen wir sie gut zu nutzen? Sind sie notwendig, sind sie die Mittel, welche das, was sie ausdrücken, lebendiger, treffender, dynamischer, verfeinerter und wahrer machen?

Heute bietet uns die Welt neue Möglichkeiten. Dieses große menschliche Vokabular kann von Elementen gespeist werden, die in der Vergangenheit noch nie aufeinandertrafen. Jede Rasse, jede Kultur kann ihr eigenes Wort zu dem Satz beitragen, der die Menschheit vereint. Nichts ist lebenswichtiger für die Theaterkultur der Welt als das Zusammenarbeiten von Künstlern verschiedener Rassen und Herkunft.

Wenn unterschiedliche Traditionen aufeinander treffen, gibt es zuerst Barrieren. Wenn durch intensive Arbeit ein gemeinsames Ziel erkennbar wird, fallen diese Barrieren. Damit werden die Bewegungen und der Tonfall jedes einzelnen und aller ein Teil derselben Sprache, die einen Augenblick lang eine gemeinsame Wahrheit ausdrückt, welche auch das Publikum mit einschließt: Dies ist der Augenblick, zu dem alles Theater führt. Die Formen können alt oder neu sein, alltäglich oder exotisch, komplex oder schlicht, *sophisticated* oder naiv. Sie können den unerwartetsten Quellen entspringen, sie können völlig widersprüchlich wirken, ja, sich scheinbar ausschließen. Wenn sie sich – anstelle einer Einheit des Stils – reiben und aufeinanderprallen, kann genau das gesund und fruchtbar sein.

Theater darf nicht langweilig sein. Es darf nicht konventionell sein. Es muß unerwartet sein. Theater führt uns durch Überraschung, durch Erregung, durch Spiel, durch Freude zur Wahrheit. Es macht die Vergangenheit und die Zukunft zu Teilen der Gegenwart, es ermöglicht uns eine Distanz zu dem, was uns normalerweise umfängt, und überwindet die Distanz zu anderem, was normalerweise weit weg liegt. Eine Nachricht aus der Tagespresse kann plötzlich weniger wahr, weniger vertraut wirken als etwas aus einer anderen Zeit, einem anderen Land. Was zählt, ist die Wahrheit des gegenwärtigen Augenblicks, das Gefühl absoluter Überzeugung, das nur entstehen kann, wenn Darsteller und Zuschauer sich zu einer Einheit verbinden. Dazu kommt es, wenn die vergänglichen Formen ihren Zweck erfüllt und uns zu diesem einen unwiederholbaren Moment gebracht haben, da eine Tür sich auftut und unser Blick sich verändert.

Das offene Geheimnis

Irgendwann kommt der Zeitpunkt, da man nicht länger nein sagen kann. All die Jahre bin ich gefragt worden: »Dürfen wir einmal kommen und bei einer Probe zusehen?«, und ich antworte immer: »Nein.« Ich muß das einfach tun, weil ich schlechte Erfahrungen damit gemacht habe.

Ganz zu Anfang ließ ich Besucher bei den Proben zu. Ich erlaubte einem ruhigen, bescheidenen Studenten, sich ganz diskret hinten in den Zuschauerraum zu setzen, als wir ein Shakespeare-Stück probten. Er war kein Problem, ich bemerkte kaum, daß es ihn gab, bis ich ihn eines Tages an der Theke in einem Pub antraf, als er den Schauspielern erklärte, wie sie ihre Rollen zu spielen hätten. Trotz dieser Erfahrung gestattete ich ein paar Jahre später einem ernsthaften Schriftsteller, den Probenprozeß zu beobachten, da er mich davon überzeugt hatte, wie wichtig das für seine Recherchen war. Meine einzige Bedingung lautete, er dürfe nichts von dem, was er mit angesehen hatte, veröffentlichen. Entgegen seinem Versprechen erschien ein Buch voller ungenauer Impressionen, womit er die fundamentale Vertrauensbeziehung verriet, die Grundlage für Schauspieler und Regisseur, ohne die sie nicht zusammenarbeiten können. Später, als ich zum erstenmal in Frankreich inszenierte, stellte ich fest, daß es die Besitzerin des Theaters ganz normal fand, mit ihren reichen Freunden in Pelzen und Juwelen das Parkett zu entern, aufgeregt zu schnattern und diesen merkwürdigen, amüsanten Wesen namens Schauspielern bei der Arbeit zuzuschauen; obendrein kommentierten sie das, was sie sahen, auch noch hemmungslos, lautstark und oft witzelnd.

»Nie wieder!« schwor ich mir. Mit der Zeit war mir mehr und mehr klargeworden, wie wichtig es für die von Natur aus scheuen und übersensiblen Schauspieler ist, sich darauf verlassen zu können, daß sie vollkommen geschützt sind durch Stille, Vertrautheit und Verschwiegenheit. Erst wenn sie über diese Sicherheit verfügen, können sie Tag für Tag experimentieren, Fehler machen, albern sein, in der Gewißheit, daß niemand außerhalb dieser vier Wände je davon erfahren wird, und von diesem Punkt an finden sie allmählich die Kraft, sich zu öffnen, für sich selbst und für die anderen. Ich habe festgestellt, daß die Anwesenheit auch nur einer Person irgendwo im Dunkeln hinter mir eine stetige Ablenkung und Quelle der Anspannung darstellt. Ein Beobachter kann den Regisseur sogar dazu verleiten, zu prahlen, sich einzumischen, wenn er besser still geblieben wäre, und alles nur, weil er den Besucher nicht durch scheinbare Ineffizienz enttäuschen will.

142

Deshalb habe ich den ständigen Anfragen, bei unserer Arbeit zuschauen zu dürfen, immer eine Absage erteilt. Doch ich verstehe, wie dringlich die Leute erfahren wollen, was da eigentlich passiert, was wir wirklich tun. Deshalb möchte ich Ihnen heute in diesem Workshop sagen: Es ist ein offenes Geheimnis. Ich werde versuchen, Schritt für Schritt den tatsächlichen Arbeitsprozeß zu beschreiben, und damit das Ganze noch präziser wird, nehme ich meine kürzlich in Paris herausgekommene Inszenierung von *Der Sturm* als Beispiel.

Zunächst zur Auswahl des Stücks. Wir sind eine internationale Truppe, und die meisten von uns arbeiten schon lange miteinander. Wir hatten eine Jahre währende Arbeitsphase, die aus dem *Mahabharata* auf französisch, auf englisch und in der Filmfassung bestand, abgeschlossen. Dann kam eine Spielzeit mit südafrikanischen Theaterstücken und Konzerten in unserem Pariser Theater, zum zweihundertjährigen Jubiläum der Französischen Revolution und zur Feier des Jahres der Menschenrechte. Danach verspürte ich das Bedürfnis – bei den Schauspielern und bei mir selbst –, eine völlig neue Richtung einzuschlagen und die Bilderwelt der Vergangenheit hinter uns zu lassen, die zu einem so wichtigen Teil unseres Lebens geworden war. Ich hatte begonnen, mich für die seltsame, schwer faßbare Beziehung zwischen dem Gehirn und dem Geist zu interessieren, und als ich das Buch des Psychoanalytikers Oliver Sacks las, *Der Mann, der seine Frau mit einem Hut verwechselte*, zeichnete sich allmählich eine Möglichkeit ab, wie ich dieses Rätsel über die Verhaltensmuster bestimmter neurologischer Fälle vielleicht dramatisieren konnte. Unsere Gruppe war fasziniert von dem neuen Arbeitsgebiet, das sich dadurch eröffnete.

Wenn man bei der Arbeit von einem Thema ausgeht, dessen Form oder Struktur noch nicht erkennbar ist, muß man sich auf jeden Fall unbegrenzte Zeit lassen. Der Vorteil eines bereits existierenden Stückes liegt darin, daß der Autor seine Arbeit bereits abgeschlossen hat, wodurch sich einschätzen läßt, wieviel Zeit die Inszenierung ungefähr braucht, und man kann ein Premierendatum festlegen. Das ist im Grunde der einzige Unterschied zwischen einem experimentellen Projekt und der Aufführung eines vorgegebenen Stücks. Beide Male muß die Arbeit gleichermaßen experimentell sein, allein der Aufwand an Zeit unterscheidet sich: Im einen Fall kann das Theater einen Spielplan ankündigen, im anderen müssen die Daten offengelassen werden.

Als mir klar wurde, daß wir Zeit brauchten, um unsere neurologischen Studien und Recherchen weiter entwickeln zu können, wobei die praktische Verantwortung, ein Theater und eine Institution zu betreiben, jedoch bestehenblieb, sah ich mich nach einem Stück um, das zu unserer internationalen Truppe paßte, das die Schauspieler inspirieren und zugleich dem Publikum etwas Wertvolles vermitteln würde, das zu den Bedürfnissen und Wirklichkeiten unserer Zeit in Bezug stand. Solche Überlegungen haben mich schon immer direkt zu Shakespeare geführt. Shakespeare ist und bleibt das Vorbild, das keiner je übertroffen hat, sein Werk ist immer relevant und immer zeitgemäß.

Shakespeares *Sturm* kenne ich gut, denn ich hatte es zum erstenmal vor ungefähr fünfunddreißig Jahren in Stratford inszeniert, mit dem großen englischen Schauspieler John Gielgud als Prospero. Wenige Jahre später hatte ich mich dem Stück erneut zugewandt, ich machte es am selben Theater als ein Experiment und in Zusammenarbeit mit einem anderen englischen Regisseur. Als ich 1968 in Paris meinen ersten Workshop mit Schauspielern verschiedener Kulturkreise veranstaltete, der später zu der Gründung unseres *International Centre* führte, wählte ich Szenen aus dem *Sturm* als Rohmaterial, das wir in unseren Improvisationen und Studien weiterentwickeln konnten. Das Stück war mir also immer sehr nah. Doch seltsamerweise sah ich es nicht als Lösung für meine derzeitigen Probleme, bis mir eines Tages, als ich in einem Garten in London saß und von meinem Dilemma erzählte, den richtigen Text für unsere Truppe zu finden, ein Freund den *Sturm* vorschlug. Ich begriff sofort, das war genau, was wir brauchten, genau das richtige für unsere Schauspieler. Mir wurde klar, und nicht zum erstenmal in meinem Leben, daß alle Faktoren, die ich zur Entscheidung brauchte, schon im unbewußten Teil meines Kopfes bereitlagen, ohne daß der bewußte Teil irgendwie daran beteiligt war. Deshalb ist es so schwer, die Frage zu beantworten, die oft als erste gestellt wird – »Wie suchen Sie ein Stück aus?« Ist es Zufall oder Entscheidung? Geschieht es leichthin oder als Ergebnis intensiver Überlegungen? Ich glaube eher, es gibt eine Vorbereitung durch die Möglichkeiten, die wir verwerfen, bis die wahre Lösung, die schon längst da war, plötzlich zutage tritt. Wir leben nach einem Muster: Wer es ignoriert, wird viele falsche Richtungen einschlagen; doch sobald wir diese verborgene Bewegung anerkennen, wird sie zum Leitstern, und im Rückblick kann man das Muster erkennen, welches sich kontinuierlich entfaltet.

Als mir bewußt wurde, daß *Der Sturm* die Lösung sein könnte, sprangen auch die Vorteile ins Auge. Zunächst kann man ein Shakespeare-Drama nur dann angehen, wenn man davon überzeugt ist, daß man auch die richtigen Schauspieler hat. Ein Regisseur, der sagt: »Ich möchte *Hamlet* inszenieren« und dann

146

anfängt, sich zu überlegen, wer die Hauptrolle spielen könnte, ist dumm. Man kann jahrelang den Wunsch mit sich herumtragen, mit einem ganz bestimmten großen Text zu arbeiten, aber die praktische Entscheidung kann erst gefällt werden, wenn man auch die unerläßlichen Partner vor Augen hat, die Interpreten der wichtigsten Rollen. *König Lear* war ein Thema, das mich lange Zeit beschäftigt hat, aber der Zeitpunkt, dieses Phantom in eine konkrete Form umzusetzen, war erst gekommen, als der einzige Schauspieler in England, der diese Rolle spielen konnte, reif und bereit dazu war – Paul Scofield. In bezug auf den *Sturm* erkannte ich, daß einer unserer afrikanischen Schauspieler, Sotigui Kouyaté, etwas Neues, Anderes und vielleicht Wahrhaftigeres als jeder Europäer in die Rolle des Zauberers Prospero bringen konnte, und daß die anderen Darsteller, die aus nichtenglischen Kulturkreisen stammten, dieses schwer greifbare Werk in das Licht ihrer eigenen Traditionen stellen konnten, die zuweilen der Geisteshaltung des elisabethanischen England näher stehen als die urbanen Werte des heutigen Europa.

Damit war der Ausgangspunkt klar. Wir brauchten nur noch ein Datum. Ich überschlug die voraussichtliche Probenzeit – vierzehn Wochen –, doch die zur Vorbereitung notwendige Zeit hatte ich unterschätzt. Ein paar Wochen später wurde ich unruhig,

warf alle unsere Pläne um und verschob den Probenbeginn um ein paar Monate.

Jean-Claude Carrière begann mit der Arbeit an einer
französischen Übersetzung, und zur gleichen Zeit
stieg ich mit der Bühnenbildnerin Chloé Obolensky
in die Gespräche über die visuelle Gestaltung ein.
Dies ist der heikelste Teil des ganzen Vorgangs, denn
er beinhaltet seinen eigenen Widerspruch. Es muß
einen in geeigneter Weise arrangierten Raum geben,
es muß Kostüme geben, also ist es nur logisch, daß
dazu Planung und Organisation notwendig sind. Die
Erfahrung zeigt aber immer wieder, daß Entscheidungen, die ein Regisseur und ein Bühnenbildner vor
Probenbeginn treffen, unweigerlich schwächer aus-
fallen als Entscheidungen, die sich wesentlich später
im Prozeß ergeben. Dann sind Regisseur und Bühnenbildner nicht mehr allein mit ihrer persönlichen
Sicht und Ästhetik, sondern beziehen Anregungen
aus dem viel tiefer gehenden Blick auf das Stück
und seine theatralischen Möglichkeiten, der sich aus
den produktiven, verschlungenen Entdeckungsreisen
einer ganzen Gruppe einfallsreicher und kreativer
Persönlichkeiten ergibt.

Auch die beste Arbeit von Regisseur und Bühnenbildner ist vor den Proben begrenzt und subjektiv,
aber nicht nur das, schlimmer noch, sie zwingt Scha-
blonen auf, sei es bei den Abläufen auf der Bühne, sei

es bei der Kleidung der Schauspieler, und oft kann sie eine natürliche Entwicklung ersticken oder behindern. Die richtige Arbeitsmethode beruht auf einem subtilen Ausbalancieren – hierfür gibt es keine Regeln, es verändert sich jedesmal – zwischen dem, was vorbereitet sein muß, und dem, was man getrost offenlassen kann. Zuerst schaute ich zurück auf meine früheren Inszenierungen und Experimente mit dem *Sturm* und stellte fest, daß es nichts gab, was ich übernehmen wollte; sie gehörten zu einer anderen Welt, einem anderen Verständnis der Dinge. Als ich das Stück in diesem neuen Kontext wieder las, begannen bestimmte Formen ganz vage in irgendwelchen Winkeln meines Gehirns zu tanzen, zu zucken. Meine erste Produktion in Stratford war der allgemein anerkannten Auffassung gefolgt, daß *Der Sturm* ein Schaustück sei und deshalb erst durch ausgefeilte Bühneneffekte lebendig würde. Und so hatte ich damals meinen Spaß dabei, verblüffende visuelle Momente zu konstruieren, atmosphärische elektronische Musik zu komponieren, Göttinnen und tanzende Schäfer hinzuzuerfinden. Jetzt spürte ich intuitiv, daß »Spektakel« nicht die Lösung war, daß dadurch die tiefsten Qualitäten des Stücks verstellt wurden und daß alles, was wir taten, die Form einer Reihe von Spielen annehmen mußte – Spiel im wörtlichsten Sinn verstanden –, die eine kleine Gruppe Akteure ausführte. In der rationalen Analyse bedeutet dies: Das Drama kann nicht mit irgendeiner wortwörtlichen Illustration umgesetzt werden, weil es nicht realistisch verwurzelt ist, weder in geographischer noch in historischer Hinsicht, und weil die Insel nur ein Bild, ein Symbol ist. Als ich meine erste Lektüre beendet hatte, kritzelte ich auf die letzte leere Seite die Skizze eines Zen-Gartens, wie in Kyoto, wo eine Insel durch einen großen Stein und Wasser durch trockene Kiesel versinnbildlicht wird. Dies war vielleicht der formale Raum, in dem die Schauspieler, nur von ihrer Phantasie unterstützt, ganz unmittelbar alle Ebenen des Stücks ausdrücken konnten.

Als ich mein erstes Gespräch mit Chloé Obolensky hatte, sahen wir beide nur die Nachteile einer solchen Lösung. Auf Kieselsteinen konnte man schlecht gehen, sie würden ständig ablenkende Geräusche produzieren, und man säße verkrampft und unbequem darauf. Also wurde der Zen-Garten verworfen, doch wir waren nach wie vor von dem Prinzip der Andeutung mit möglichst leichten Mitteln überzeugt. Danach stellte sich uns die Frage, ob wir mit einer natürlichen Oberfläche wie Erde oder Sand »Natur« andeuten sollten – oder dies mit einer Spielfläche aus Holz oder Teppich der Phantasie überließen.

Jeder Bühnenbildner, jeder Regisseur des *Sturms*

steht gleich am Anfang vor einer großen Schwierigkeit. Die Einheit des Raums ist durchgehalten, die
Handlung spielt auf der Insel, abgesehen von der ersten Szene auf einem Schiff im Sturm. Soll man dieser
Einheit Gewalt antun, indem man für die ersten Momente ein kompliziertes realistisches Bühnen-Bild
baut? Je besser dies gemacht wird, desto mehr zerstört es die Möglichkeit, später in nichtnaturalisti-
scher Manier die Insel erstehen zu lassen, und um so
schwerer ist die zweite lange Expositionsszene zu
spielen, wenn Prospero seiner Tochter sein Leben erzählt. Wenn der gewählte Stil eine ausgearbeitete
bildhafte Szenerie ist, ist die Lösung einfach: Ein ein-
drucksvolles Schiffswrack wird gebaut, später gleitet
ein Wüsteneiland an seine Stelle. Doch wenn man
sich gegen diesen Weg entscheidet, muß man etwas
finden, bei dem mühelos in einem Augenblick das
Meer, im nächsten festes Land zu assoziieren ist. Wir
beschlossen, dieses Problem vorerst ungelöst zu lassen und abzuwarten, was sich ergeben würde, wenn
die Schauspieler in unserem Raum mit der Arbeit begannen.

Unsere Gruppe bestand überwiegend aus Schauspielern, die schon im *International Centre* gearbeitet hatten. Hinter den Besetzungsentscheidungen stand als
Prinzip eine Neuinterpretation des Stücks im Licht
traditionsreicher Kulturen, also hatten wir einen afri-

kanischen Prospero, einen afrikanischen Ariel und einen balinesischen Geist; ein junger deutscher Schauspieler, der zum erstenmal mit uns arbeitete, sollte einen neuen Blick auf die Rolle des Caliban eröffnen, der meist entweder als Ungeheuer aus Gummi und Plastik dargestellt wird oder als Schwarzer, wobei die Hautfarbe auf das Banalste ausgeschlachtet wird, um die Situation eines Sklaven zu illustrieren. Ich wollte ein unverbrauchtes Bild von Caliban zeigen, mit der wilden, gefährlichen, unkontrollierbaren Kraft der Rebellion eines Jugendlichen von heute.

Miranda, wie Shakespeare sie sah, ist sehr jung, sie ist genau vierzehn Jahre alt, Ferdinand kaum älter. Es schien einleuchtend, daß diese Rollen ihre wahre Schönheit erst enthüllen würden, wenn Schauspieler im richtigen Alter sie spielten, vor allem, wenn Miranda die Anmut hätte, wie eine traditionelle Erziehung sie verleihen kann. Wir fanden ein indisches Mädchen, das seit seiner frühen Kindheit von der Mutter zur Tänzerin ausgebildet worden war, und ein anderes blutjunges Mädchen, eine Halbvietnamesin.

Der Arbeitsprozeß begann damit, daß wir uns aus unserer normalen Umgebung zurückzogen – also fuhren wir, das komplette Ensemble, die Assistenten und Jean-Claude Carrière, nach Avignon, wo man uns

Unterkünfte und einen großen Probenraum in dem alten Kreuzgang eines ehemaligen Klosters zur Verfügung stellte. Hier verbrachten wir zehn friedliche, zurückgezogene Tage mit der Vorbereitung. Jeder hatte sein Exemplar des *Sturms* dabei, aber die Textbücher wurden kein einziges Mal aufgeschlagen. Wir berührten das Stück überhaupt nicht. Zuerst trainierten wir unsere Körper, dann unsere Stimmen.

Wir machten Gruppenübungen, deren einziger Zweck darin bestand, eine schnelle Reaktionsfähigkeit zu entwickeln, den haptischen, akustischen und visuellen Kontakt, ein gemeinsames geschärftes Bewußtsein, das schnell nachlassen kann und ständig erneuert werden muß, um die Einzelpersönlichkeiten zusammenzubringen und zu einem sensiblen, vitalen Team zu formen. Es gelten die gleichen Notwendigkeiten und Regeln wie im Sport, nur daß ein Schauspielerteam weiter gehen muß: Nicht allein die Körper, auch die Gedanken und Gefühle müssen voll und ganz ins Spiel einbezogen werden und aufeinander abgestimmt bleiben. Das erfordert Stimmübungen und -improvisationen, sowohl komisch als auch ernst. Nach ein paar Tagen nahmen wir auch Wörter in unsere Arbeit auf, einzelne Wörter, dann Wortgruppen und irgendwann auch isolierte englische und französische Sätze, um für alle, nicht zuletzt den Übersetzer, das besondere Wesen der Shakespearschen Sprache wirklich werden zu lassen. Nach meiner Erfahrung ist es immer ein Fehler, wenn Schauspieler ihre Arbeit mit der intellektuellen Diskussion beginnen, denn die Vernunft ist als Instrument der Entdeckung nicht annähernd so kraftvoll wie die verborgeneren Fähigkeiten der Intuition. Das intuitive Verständnis durch den Körper ist eine Möglichkeit, die sich auf unterschiedlichste Weise anregen und entwickeln läßt. Wenn dies geschieht, kann es am selben Tag auch Momente des Ausruhens geben, in denen der Verstand ganz entspannt seine wahre Rolle spielen kann. Nur dann finden Analyse und Diskussion des Textes ihren natürlichen Platz.

Nach dieser ersten Phase stiller Konzentration kehrten wir an unser Pariser Theater zurück, in die Bouffes du Nord. Chloé hatte für die erste Probe nicht etwa szenische Elemente vorbereitet, sondern »Möglichkeiten«. Das waren Seile, die von der Decke hingen, Leitern, Planken, Holzblöcke, Umzugskisten. Auch Teppiche, Erdhaufen in verschiedener Farbtönung, Spaten und Schaufeln – Elemente, die nicht an irgendeine ästhetische Konzeption gebunden waren, sondern nur Utensilien darstellten, die der Schauspieler ergreifen, benutzen und wieder wegwerfen konnte.

Jede Szene wurde auf unzählige Arten improvisiert, wobei die Darsteller ermutigt wurden, ganz nach Be-

lieben alles zu benutzen, was der Raum und die viel-
fältigen Gegenstände ihrer Phantasie eingaben. Als
Regisseur machte ich Angebote und kam auf neue
Ideen – mußte aber oft meine eigenen Vorschläge
kritisieren und zurückziehen, nachdem ich gesehen
hatte, wie die Schauspieler sie in die Praxis umsetz-
ten. Wäre in dieser Phase ein Beobachter dabei gewesen, hätte er den Eindruck kompletter Verwirrung bekommen, geprägt von lauter Entscheidungen, die in
eigentümlicher Abfolge getroffen und wieder verworfen wurden. Selbst die Schauspieler verloren die
Orientierung. Der Regisseur hat hier die Aufgabe,
sich zu merken, was ausprobiert wird und zu welchem Zweck. Wenn er dies tut, ist dieser erste Aus-
bruch von Energie nicht so chaotisch, wie er aussieht,
denn er produziert eine große Menge Rohmaterial,
aus dem später die endgültigen Formen herausgezo-
gen werden.

Dieser Vorgang wird unterstützt von der Herausforderung, die im Stück steckt. Dessen Qualität und das
Rätsel, das es enthält, sind strenge Richter. Das Stück
liefert die Unbestechlichkeit, die Nüchternheit, die
dabei helfen, in der Masse der unentwickelten Ideen
die wertvollen von den untauglichen zu scheiden. Im
Fall des *Sturms* ist der Text von solcher Qualität, daß
jede Erfindung, jede Ausschmückung unnötig, ja vul-
gär wirkt. Man gerät schnell in eine erschreckende

Falle: Alles, was man aus einer ersten Begeisterung tut, erweist sich bald als unzureichend und am Wesentlichen vorbei. Das Gegenteil ist allerdings noch schlimmer, denn man kann dem Problem nicht durch Nichtstun entrinnen; kein Text wird je »für sich selbst« sprechen. Der einfache Weg ist immer am schwersten zu finden, denn bloße Einfallslosigkeit ist nicht dasselbe wie Einfachheit, sondern bloß ödes Theater. Das heißt, man darf, während man immer wieder eingreifen muß, zugleich nicht aufhören, den eigenen Versuchen der Intervention höchst kritisch gegenüberzustehen.

Also erfanden und probierten und erforschten und diskutierten wir. Die erste Szene, der Schiffbruch, gingen wir auf mindestens zwanzig verschiedene Weisen an. Es gab Planken, mit denen das Deck eines Schiffes angedeutet werden sollte, getragen von den Schauspielern, die sie in der Hocke über ihre Knie legten, um die Schräge eines kenternden Decks nachzubilden. Ariel und die Geister spielten eine Menge ästhetischer Spiele, warfen ein Modellschiff über die Köpfe der anderen Schauspieler hinweg, zermalmten es mit einem Stein oder versenkten es in einem Eimer Wasser. Matrosen erklommen Leitern oder krabbelten in die verschiedenen Logen des Zuschauerraums, die Höflinge saßen in beengten Hütten unter hin- und herschwingenden Laternen, während Geister in

Masken spielerisch für die meuternden Matrosen ein-
sprangen. Alles war aufregend in dem Moment, als es
uns einfiel, und kein bißchen überzeugend, wenn wir
es am nächsten Tag mit kühlem Kopf betrachteten –
und dann unweigerlich, ohne Bedauern aufgaben.
Verzweifelt verzichteten wir auf alle Formen der
Illustration, stellten die Schauspieler in Reih und
Glied auf wie bei einem Oratorium, benutzten ihre
Stimmen, um die Geräusche von Wind und Wellen
zu imitieren – das schien vielversprechend zu sein,
bis wir es uns noch einmal anschauten und forma-
listisch und unmenschlich fanden.

Nichts erschien uns geeignet. Jedes Bild hatte seine
Nachteile: zu konventionell, zu weit hergeholt, zu
intellektuell, schon mal dagewesen. Eine nach der anderen wurden die Gerätschaften über Bord geworfen,
die Bretter, die Seile, die Stahlleitern, die Modell-
schiffchen. Doch nichts geht je ganz verloren – alles
ließ irgendeine Spur zurück, die Wochen später unerwartet in einer anderen Szene wieder auftauchte.
Wenn wir zum Beispiel nicht so viel Zeit damit ver-
bracht hätten, in der ersten Szene mit einem Modellschiff zu experimentieren, dann wären wir nie auf
den Einfall gekommen, Ariel in der ersten Szene zwischen ihm und Prospero mit einem rotgetakelten
Schiff spielen zu lassen, das er auf dem Kopf balanciert, ein an dieser Stelle wirklich nützliches Element,

notwendig zur farbigen Betonung seiner Handlungen. Die Seile, die in der Schiffsszene so schwerfällig wirkten, wurden für einen ganz bestimmten Moment drei Szenen später sehr wertvoll, wenn man am allerwenigsten erwartet, daß Caliban ein Seil benutzt (der normalerweise doch nie in die Höhe klettern muß). Und weiter: Hätte einer der Musiker unter seinen vielen »Möglichkeiten« nicht ein Rohr voller Kieselsteine gefunden, das ein rauschendes Geräusch von sich gibt wie die Wellen des Meeres, dann wären wir womöglich nie auf das eine simple Mittel gekommen, das all unsere unbeholfenen Versuche des Anfangs ersetzen konnte, den Sturm heraufzubeschwören und den Zuschauern schon in den ersten Sekunden klarzumachen, daß die Aufführung auf einer Insel der Phantasie stattfand.

Die Hauptarbeit bestand Tag für Tag darin, mit den Worten und ihrer Bedeutung zu ringen. Auch die Bedeutung erwächst langsam aus dem Text, nach dem *trial and error*-Prinzip. Ein Text erwacht erst in seinen Details zum Leben, und Details sind die Frucht des Verstehens. Zuerst kann ein Schauspieler nicht mehr als einen weit gefaßten, verallgemeinerten Eindruck vom Gehalt einer Zeile geben, und oft braucht er Hilfe dabei. Dies kann durch Rat und durch Kritik geschehen. Es gibt auch eine bestimmte Technik, die wir mit den Sängern bei *Carmen* entwickelt haben.

Wenn sich der Sänger als außerstande erwies, seine allgemein bleibende Schauspielerei zu sinnvollen, detaillierten Handlungen zuzuspitzen, dann spielte ihm einer meiner Mitarbeiter, der selbst ein erstklassiger Schauspieler ist, die Szene vor. Das sieht so aus, als wären wir in den Stil der schlimmsten altmodischen Inszenierungen zurückgefallen, wo vom Sänger verlangt wurde, sklavisch zu imitieren, was man ihm vorführte. Doch das war gar nicht unser Ziel. Sobald der Sänger die Imitation erfolgreich meisterte, wurde die alte Technik aufgebrochen, indem wir ihn aufforderten, alles zu vergessen, was er gerade gelernt hatte. Da der Sänger gerade in sich selbst einen Vorgeschmack davon bekommen hatte, was detaillierte Schauspielerei bedeutet – etwas, das durch Beschreibungen niemals zu übermitteln wäre –, gelang es ihm immer, auf seine eigene Weise seine eigenen Details zu entdecken. Dieser Prozeß half auch denjenigen unserer Schauspieler, die noch nie zuvor Shakespeare gespielt hatten. Durch die Imitation bekamen sie ein unmittelbares »Gefühl« für eine Szene, indem sie präzise ein Muster übernahmen, das ein erfahrener Schauspieler geschaffen hatte. Sobald das seinen Zweck erfüllt hatte, konnte es abgelegt werden, wie ein Kind seinen Schwimmring beiseite legt, wenn es schwimmen gelernt hat. Das Verständnis wird auf ähnliche Weise stimuliert, wenn Schauspieler auf den Proben ihre Rollen tauschen und neue Eindrücke von den Figuren erhalten, in deren Haut sie zu schlüpfen versuchen. Nie aber sollte der Regisseur demonstrieren, wie er die Rolle gern gespielt sähe, und dann den Schauspieler dazu drängen, diese fremde, aufgezwungene Konstruktion zu übernehmen und dabei zu bleiben. Statt dessen muß der Schauspieler die ganze Zeit gefördert werden, bis er am Ende seinen eigenen Weg findet.

Unter vielen anderen Schwierigkeiten im *Sturm* sind die Szenen mit den schiffbrüchigen Höflingen besonders vertrackt. Shakespeare hat die Figuren nicht zu Ende gestaltet und ihre Situation kaum dramatisiert. Es ist, als hätte er in seinem letzten Werk absichtlich alle Techniken ignoriert, die er im Laufe seiner Karriere entwickelt hatte, um die Zuschauer für seine Figuren zu interessieren und zur Identifikation mit ihnen zu verführen. Im Ergebnis können diese Szenen leicht farblos und öde geraten: Je mehr sie mit psychologischem Realismus gespielt werden, desto deutlicher entdeckt man, wie dünn die Figurenzeichnung ist. Uns erschien klar, daß Shakespeare, indem er den *Sturm* als Fabel schrieb, den Ton durchgehend leicht halten wollte, wie ein orientalischer Geschichtenerzähler, und intensivere Momente ernsthaften Dramas – wie in seinen Tragödien – vermied. Wir versuchten, die widerspruchliche Situation der Höflinge durch die ständige Anwesenheit der Geister herauszuarbeiten – wie sie die Menschen irreführen, hereinlegen und dazu verführen, ihre verborgenen Absichten zu enthüllen. Dazu waren viele Improvisationen und Erfindungen nötig, die von den Geistern selbst geliefert wurden, und mit ihrer Hilfe bekamen wir allmählich ein Gefühl dafür, wie man verschiedene Bilder der Insel mit ganz leichten Mitteln herstellen konnte. Wir ahnten noch nicht, daß dies der Ursprung unserer größten Krise sein würde.

Um das zu erklären, muß ich zum Thema Bühnengestaltung zurückkehren. Im Laufe der ersten Wochen, während wir beobachteten, wie das Stück langsam zum Leben erwachte, kamen die Bühnenbildnerin und ich immer mehr zu der Überzeugung, daß wir eigentlich einen leeren Raum brauchten, in dem die Phantasie freies Spiel hatte. Die Seile und anderen Utensilien der ersten Tage waren schon verworfen, hölzerne oder mit Teppich ausgelegte Böden wollten wir ebensowenig, da wir glaubten, die Geschichte mit ihrer besonderen Textur müsse inmitten natürlicher Elemente gespielt werden. Also ließ Chloé an einem Wochenende mehrere Tonnen roter Erde ins Theater schaffen. Um die Bewegungen der Schauspieler lebendig und abwechslungsreich zu machen, formte sie den Boden sorgfältig zu kleinen Erhebungen und Hügeln und machte ein tiefes Loch in einen Buckel.

Dadurch wurde ein überwältigender Ort von epischen Ausmaßen aus dem Theater.

Als wir aber darin probierten, entdeckten wir, daß die Großartigkeit des Raums unser Tun kläglich und unzureichend erscheinen ließ. Inzwischen hatten wir den Punkt erreicht, wo wir das Schiff nur noch mit einigen horizontal gehaltenen Bambusstöcken andeuteten, die später, aufrecht gehalten, einen Wald darstellen sollten. Die Geister brauchten nicht mehr als ein paar Palmblätter, Grashalme oder Zweige, um der Phantasie Streiche zu spielen. Doch zu unserer Verzweiflung merkten wir, daß die neue Bühne sich weigerte, an diesem Werk der Suggestion mitzuarbeiten. Dieses Gelände ließ in der Vorstellung keine Insel entstehen; statt dessen wurde sie zu einer wirklichen Insel, einer tragischen Landschaft, die auf ihren König Lear wartete. Wir inszenierten jede Szene neu, damit sie zur Bühne und zu ihren Proportionen paßte, wir benutzten lange Pfosten, weitere längere Objekte, und für das Schiff auf See erwogen wir sogar, die Bühne mit ›Rauch‹ einzunebeln, da diese reale Landschaft sich nicht durch die Kraft der Schauspielerei allein in einen Ozean verwandeln konnte. Dann erkannten Chloé und ich in gemeinsamer Panik, daß wir in die klassische Falle getappt waren, die Schauspielerei dem Bühnenbild anzupassen, und im Versuch, den Sturm im *Sturm* zu rechtfertigen, ein rea-

162

listisches Bild auf das andere türmten. Wir sahen keinen Ausweg. Das Bild der Bühne und das Bild der Schauspielerei fügten sich nicht zusammen, und es schien keine Lösung zu geben.

Was uns rettete, war ein Vorgang, der nunmehr seit vielen Jahren zu unseren Probenmethoden gehört. Irgendwann, ungefähr nach zwei Dritteln der Probenzeit, wenn die Schauspieler ihren Text beherrschen, die Geschichte verstehen, bereits wesentliche Verbindungen zwischen den Figuren gefunden haben – und wenn die Produktion langsam physisch Gestalt annimmt mit Gängen, Gegenständen, Möbeln, Szenerie, Kostümelementen –, lassen wir alles stehen und liegen und gehen an einem Nachmittag in eine Schule, wo wir in irgendeinem winzigen, beengten Kellerraum, umringt von ungefähr hundert Schulkindern, ganz direkt eine Version des Stückes improvisieren, wobei wir die Möglichkeiten des Raumes nutzen, in dem wir uns befinden, nur die Gegenstände ergreifen, die dort herumliegen, und sie frei einsetzen für alles, was wir brauchen.

Ziel dieser Übung ist es, gute Geschichtenerzähler zu sein. Meistens wissen die Kinder vorher nichts über das Stück, das wir mitbringen; deshalb ist es unsere Aufgabe, ihre Phantasie auf dem unmittelbarsten Wege zu fesseln und nicht mehr loszulassen, dafür zu sorgen, daß die Geschichte von einem Augenblick zum andern frisch und lebendig wird. Dies ist immer sehr aufschlußreich, diese paar Stunden bringen unsere Arbeit um Wochen voran. Wir können ganz genau erkennen, was gut und was schlecht ist, was wir begriffen haben und wo wir falsch liegen, und gemeinsam entdecken wir viele wesentliche Wahrheiten über das, was ein Stück braucht. Kinder sind viel besser und genauer als die meisten Freunde und Theaterkritiker, sie haben keine Vorurteile, keine Theorien, keine fixen Ideen. Sie kommen, weil sie voll und ganz in das verwickelt werden wollen, was sie erleben, aber wenn es sie kaltläßt, haben sie auch keinen Grund, ihre mangelnde Aufmerksamkeit zu kaschieren – wir merken das sofort und können es als echte Niederlage für uns auffassen.

Bei dieser Gelegenheit arbeiteten wir auf einem Teppich in einem sehr kleinen Raum, und das Stück erwachte sofort zum Leben. Da es keinen Versuch gab, irgend etwas auf dekorative Weise darzustellen, war die Einbildungskraft der Zuschauer frei, auf jedes Angebot zu reagieren. Die Schauspieler knallten Türen und schüttelten dicke Plastikvorhänge, um den Sturm heraufzubeschwören, ein Haufen Schuhe wurde zu den Holzklötzen, die Ferdinand sammeln muß, Ariel schleppte Maschendraht aus dem Garten herein, um die Höflinge einzusperren. Und so weiter. Die Vorstellung hatte keinen ästhetischen Stil, sie war derb, unmittelbar und ein voller Erfolg, weil die Mittel zum Zweck paßten, und unter diesen Bedingungen übermittelte sich die Geschichte ohne Einbuße. Chloé und ich hatten nachher viele neue Fragen – und wir waren wirklich besorgt.

Man kann oft sehen, wie junge Gruppen, die in äußerst kleinen Räumen spielen, großen Erfolg haben, während ihre Arbeit, sobald sie auf eine größere Bühne kommt, schrecklich unzulänglich wirkt. Energie und Qualität einer Aufführung sind oft nicht zu trennen von dem Kontext, in dem sie entstehen. Aus diesem Grunde war uns beiden auch klar, daß die amüsanten Einfälle, die in dem kleinen Raum so lebendig und wirksam waren, ziemlich kindisch und amateurhaft aussehen würden, wenn wir sie unverändert in den anspruchsvolleren Raum unseres eigenen Theaters übertrügen, der natürlich eine andere Qualität von Ideen verlangt. Gleichzeitig hatten wir aber einen konkreten Beweis unserer Grundtheorie erlebt – nämlich daß dieses Stück von jeder Art Dekoration befreit werden muß, welche die Phantasie hemmt.

Ich reagierte mit dem Vorschlag, zu der Idee des Teppichs zurückzukehren: ein neutrales, aber reizvolles Areal, wo alles mögliche passieren kann. Chloé war anderer Meinung – aber wir einigten uns, den Vorschlag sofort auszuprobieren. Zur Verblüffung der

Schauspieler fanden sie bei der Rückkehr ins Theater mitten auf der roten Erde unseren großen Perserteppich vor, der vor langer Zeit den Spielbereich für *Die Konferenz der Vögel* abgegeben hatte. Wir machten sofort einen Durchlauf des Stücks, benutzten alle Elemente, mit denen wir im Theater geprobt hatten, begrenzten aber die Handlungen auf den Teppich. Die Ergebnisse waren eigenartig widersprüchlich. Auf der einen Seite gewann das Stück ungemein durch die Einschränkung des Spiel-Raums. Hand in Hand mit dieser Verdichtung führte die Tatsache, daß er nicht mehr bis zu den Wänden des Theaters reichte, auch zur Befreiung von einem gewissen Naturalismus: Der Teppich wurde ein formaler Raum, ein Raum zum Schauspielen, und plötzlich hatte die Verwendung der dünnen Bambusstöcke und kleinen Gegenstände auch wieder einen Sinn. Was in dem großen Raum lächerlich gewirkt hatte, erhielt seine natürliche Bedeutung zurück. Auf der anderen Seite war eingetroffen, was Chloé befürchtet hatte: Die Muster des Perserteppichs, voller Assoziationen für das Sufi-Gedicht *Die Konferenz der Vögel*, wirkten hier ärgerlich ablenkend. Wo der Zuschauer sich Meer, Sand und Himmel vorstellen sollte, verweigerten die verschlungenen orientalischen Muster die Mitarbeit, ihre unübersehbare Schönheit machte jede andere Illusion unmöglich; es war, als sprächen sie laut in einer anderen Sprache zum Publikum. In der Schule war der Teppich natürlich unauffällig gewesen, wir hatten nur den schlichten, gewöhnlichen, abgetretenen Klassenzimmerteppich zur Verfügung, der kein Eigenleben führte.

Wir erwogen einen schlichten Teppich ohne jegliches Muster, und im selben Atemzug erkannten wir, daß das aussehen würde wie ein Teppichboden in einem Büro oder Hotel, voller unpassender Assoziationen des modernen Alltags. Wir versuchten, etwas Sand auf den Perserteppich zu streuen, das Ergebnis war kläglich. Zum Glück waren gerade ein paar Tage Probenunterbrechung eingeplant. Ich verbrachte sie, die Augen an den Boden geheftet, mit dem Vergleichen aller möglicher Oberflächen, auf Baustellen, in Parks, auf Brachland. Als ich zurückkam, hatte Chloé unseren Teppich mit Bambuspfählen eingerahmt. Dann nahm sie den Teppich weg, und seine Form blieb als Abdruck auf der Erde, ein präzises Rechteck, abgesteckt mit Bambus. Dies füllte sie mit Sand auf. Es war immer noch ein Teppich, aber aus Sand. Die Schauspieler begannen die Probe, und wir wußten, unser Hauptproblem war gelöst. Chloé legte zwei Steine in den Raum, als deutliche Bezugspunkte; am Ende nahmen wir einen davon wieder heraus.

Später nannten einige Kritiker dies zu unserer großen Befriedigung ein »Spielfeld«, mit demselben Begriff, der in England nur im Sport benutzt wird, und einen »Spielplatz«, wie in der Schule oder im Kindergarten, und beide Wörter treffen genau das, was wir ursprünglich hatten erreichen wollen – einen Ort zum Spielen, mit anderen Worten, einen Ort, wo Theater nichts anderes zu sein vorgibt als Theater. Dann schrieb jemand: »Es ist ein Zen-Garten«, und mir fiel mein allererster Ausgangspunkt wieder ein. Wie immer muß man in den Wald gehen und wieder zurückkommen, um die Blume zu entdecken, die neben der eigenen Haustür wächst. Oft habe ich, lange nachdem die Produktion vollendet ist, eine Notiz oder eine kleine Skizze gefunden, die ich zur Seite getan und vollständig vergessen hatte, und sie zeigte, daß irgendwo im Unterbewußten die Lösung längst bereitgelegen hatte, aber wir hatten Monate der Suche zugebracht, um sie erneut zu entdecken.

Ich beschreibe diese Erfahrung mit einem Aspekt der Produktion – der Bühnengestaltung – so detailliert, weil man sie als deutliche Metapher für jeden anderen Aspekt betrachten kann. Derselbe Prozeß von *trial and error*, Suchen, Ausarbeiten, Verwerfen und Zufall läßt die Interpretation des Schauspielers Gestalt annehmen und integriert die Arbeit der Musiker oder des Lichtdesigners in das organische Ganze.

Ich sage »Zufall«, und das könnte irreführend wirken. Der Zufall existiert, er ist nicht dasselbe wie Glück, er gehorcht Gesetzen, die wir nicht verstehen, aber ohne Zweifel kann man ihn unterstützen und fördern. Viele Anstrengungen müssen unternommen werden, und jede Anstrengung schafft ein Energiefeld, das im Augenblick der Krise die Lösung anzieht. Andererseits kann man chaotisches Herumexperimentieren um seiner selbst willen unendlich weiter betreiben, ohne je zu einer überzeugenden Schlußfolgerung zu kommen. Chaos ist nur dann nützlich, wenn es zur Ordnung führt.

Damit wirdf die Rolle des Regisseurs klar. Der Regisseur muß von Anfang an etwas haben, das ich eine »formlose Vorahnung« nenne, das heißt, eine ganz bestimmte machtvolle, aber noch dunkle Intuition, die grundlegende Umrisse andeutet, die Quelle, aus der das Stück ihn anspricht. Was er bei seiner Arbeit am meisten entwickeln muß, ist die Fähigkeit des Hinhörens. Tag für Tag, während er sich einmischt, Fehler macht oder dem zuschaut, was an der Oberfläche passiert, muß er innerlich hinhören, den geheimen Bewegungen des verborgenen Prozesses lauschen. Davon geleitet, wird er ständig unzufrieden sein, wird immer wieder annehmen oder verwerfen, bis sein Ohr plötzlich den geheimen Klang vernimmt, auf den er gewartet hat, und seine Augen sehen die innere Form, die darauf lauerte, zum Vorschein zu kommen. An der Oberfläche aber müssen alle

Schritte konkret und vernünftig sein. Fragen von Sichtbarkeit, Tempo, Deutlichkeit, Artikulation, Energie, Musikalität, Abwechslung und Rhythmus – sie alle müssen strikt praktisch und professionell beobachtet werden. Die Arbeit wird von einem Handwerker geleistet, es gibt keinen Platz für falsche Mystifikationen oder pseudomagische Methoden. Theater ist ein Handwerk. Ein Regisseur arbeitet und hört hin. Er hilft den Schauspielern dabei, zu arbeiten und hinzuhören.

Das ist das Leitprinzip. Deshalb stellt ein Prozeß ständiger Wandlung nicht einen Vorgang der Verwirrung, sondern des Wachstums dar. Darin liegt der Schlüssel. Dies ist das Geheimnis. Wie Sie sehen, ist es ein offenes Geheimnis.

Über den Autor

Peter Brook wurde am 21. März 1925 in London geboren und erwarb in Oxford seinen Magister artium. Später gründete er dort die Oxford University Film Society. Er war einer der Direktoren der Royal Shakespeare Company und leitet heute das *International Centre of Theatre Research* in Paris.

Zu seinen über 50 Inszenierungen gehören, in Stratford-upon-Avon: *Verlorene Liebesmüh', Der Sturm, König Lear, Ein Sommernachtstraum*; in London: *Einladung ins Schloß, Hamlet, Blick von der Brücke, Marat/Sade, Ödipus*; in New York: *Der Besuch der alten Dame*; in Paris: *Der Tanz des Sergeanten Musgrave, Timon von Athen, König Ubu, Die Konferenz der Vögel, Der Kirschgarten, Die Tragödie der Carmen, [Das] Mahabharata, Der Sturm*.

Seine Inszenierung *L'Homme qui* ging 1993 auf Welttournee.

Zu seinen Filmen zählen unter anderem *Der Herr der Fliegen, König Lear* und *Begegnungen mit bemerkenswerten Menschen*. An der Oper inszenierte er *Die Hochzeit des Figaro* und *Boris Godunov* in Covent Garden, *Faust* und *Eugen Onegin* an der Metropolitan Opera und zuletzt *Impressions de Pelléas*.

Neben vielen Aufsätzen hat er zwei Bücher geschrieben: *The Empty Space* (dt. *Der leere Raum*) erschien 1968, *The Shifting Point* (dt. *Wanderjahre*) wurde 1987 veröffentlicht.

Quellen

»Die List der Langeweile« basiert auf »Le Diable, c'est l'Ennui«, der Transkription eines Workshops, den Peter Brook am 9. und 10. März 1991 in Paris leitete.

»Der goldene Fisch« und »Das offene Geheimnis« wurden anläßlich der Verleihung des Preises der Inamori-Stiftung im November 1991 in Kyoto als Vorträge gehalten.

Theater

Herbert
Achternbusch
**Die Einsicht
der Einsicht**
Theaterstücke
Band 12923
Es ist niemand da
Enthält das Stück:
Der Stiefel und
sein Socken
Band 11399

Edward Albee
**Wer hat Angst vor
Virginia Woolf...?**
Band 7015

Elias Canetti
Dramen
Band 7027

Ariel Dorfman
**Der Tod und
das Mädchen**
Band 11426

Marguerite Duras
**La Maladie
de la Mort
Die Krankheit Tod**
Band 7092
Savannah Bay
Band 7084

Hubert Fichte
**Ödipus auf
Håknäss**
Band 10843

Dieter Forte
Fluchtversuche
Vier Fernsehspiele
Band 7055
**Kaspar Hausers
Tod**
Band 7050

Dieter Forte
**Martin Luther &
Thomas Münzer
oder Die Ein-
führung der
Buchhaltung**
Band 7065

Witold
Gombrowicz
Operette
Band 7075
Die Trauung
Geschichte
Band 7070

Fischer Taschenbuch Verlag

Theater

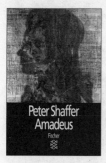  

Arthur Miller
Ein Blick von der Brücke
Band 10399
Hexenjagd
Band 7108
Tod eines Handlungsreisenden
Band 7095

Gerhard Roth
Lichtenberg / Sehnsucht / Dämmerung
Band 7068

Peter Shaffer
Amadeus
Band 7063

Neil Simon
Komödien I
Ein seltsames Paar,
Plaza Suite,
Der letzte der
feurigen Liebhaber
Band 11986
Komödien II
California Suite,
Sunny Boys,
Gerüchte...
Gerüchte...
Band 12456
Komödien III
Ein ungleiches Paar,
Jakes Frauen,
Ein Gag für Max
Band 12924

C. Bernd Sucher
Das Theater der achtziger und neunziger Jahre
Band 12690

George Tabori
Theaterstücke I
Band 12301
Theaterstücke II
Band 12302

Theater Theater
Herausgegeben von
Uwe B. Carstensen/
Stefanie von Lieven
Aktuelle Stücke 1
Band 10717
Aktuelle Stücke 3
Band 11741
Aktuelle Stücke 4
Band 12189
Aktuelle Stücke 5
Band 12737
Aktuelle Stücke 6
Band 13181
Aktuelle Stücke 7
Band 13717
Aktuelle Stücke 8
Band 14220

Fischer Taschenbuch Verlag